CHETO GENICA
—ZEROSBATTI—
FRIGGITRICE
AD ARIA

RICETTARIO ESSENZIALE PER PIGRI CRONICI

PORTA LA TUA DIETA AL LIVELLO SUCCESSIVO ANCHE QUANDO NON HAI VOGLIA O TEMPO DA PERDERE

VALERIA PREZIOSO

DELLE STESSE AUTRICI

 Chetogenica ZERO SBATTI

 Chetogenica ZERO SBATTI Risveglia Metabolismo

 Chetogenica ZERO SBATTI Pasticceria

Inquadra il QR code per acquistare la versione originale.

Copyright © 2022   CHETOGENICA ZEROSBATTI

Tutti i diritti sono riservati. È vietata qualsiasi utilizzazione, totale o parziale, dei contenuti inseriti nel presente libro, ivi inclusa la memorizzazione, riproduzione, rielaborazione, diffusione o distribuzione dei contenuti stessi mediante qualunque piattaforma tecnologica, supporto o rete telematica, senza previa autorizzazione scritta dell'autore.

ISBN 978-1-914370-66-3

SOMMARIO

PREFAZIONE	5
CONSIGLI UTILI	6
PIANO ALIMENTARE DONNA E UOMO	7
COLAZIONI	25
ANTIPASTI E SNACK SALATI	37
PRIMI PIATTI	47
SECONDI PIATTI	63
CONTORNI	95
DOLCI E DESSERT	103
PANE, PIZZA E LIEVITATI	117
CONCLUSIONE	126
INDICE ALFABETICO RICETTE	127

PREFAZIONE

Se dovessimo scegliere un unico strumento come nostro fedele alleato in cucina non avremmo dubbi: sarebbe lei, la friggitrice ad aria.

Ma se ce l'aveste chiesto anche solo due anni fa, non saremmo state di certo così convinte. Facevamo parte del club "è la stessa cosa che cuocere in forno" e "i cibi non vengono bene come con le altre cotture" ma gli esperimenti, iniziati a dire il vero senza grande convinzione dopo aver ricevuto questo aggeggio in regalo dal marito, ci hanno fatto cambiare idea molto velocemente.

Non solo è possibile cucinare piatti sfiziosi in un tempo minore rispetto a quanto eravamo abituate, ma l'attenzione da dedicare è spesso inferiore, permettendo quindi di avere un pasto in cottura mentre portiamo avanti le altre millecinquecento cose che abbiamo da fare.

Per non parlare di quante volte abbiamo risolto urgenze dell'ultimo minuto senza diventare matte: un sogno.

È stato in quel momento che ci siamo rese conto della mancanza di un libro che proponesse ricette testate dedicate alla dieta chetogenica. E soprattutto ricette ZERO SBATTI.

Ed eccoci qui a colmare un altro vuoto con un volume che, siamo certe, avrai sempre a portata di mano come tutti gli altri, anche grazie al piano alimentare uomo e donna di quattro settimane totalmente intercambiabile con quello degli altri libri.

Non ti spiegheremo tutti i dettagli della tua friggitrice. Leggi accuratamente il manuale e sperimenta seguendo il libro: scoprirai che è davvero semplicissimo.

Se ancora non l'hai comprata e hai dubbi, la cosa migliore è confrontarti con i tantissimi utenti che ne fanno un uso quotidiano per capire quali siano le caratteristiche chiave per te. Sul mercato esistono decine di modelli e formati diversi, devi solo scoprire quale è il tuo.

Vieni a trovarci nel gruppo:
www.facebook.com/groups/chetogenicazerosbatti

Ora come sempre lasciamo la parola a loro, le regine dei nostri libri, le ricette che ti permetteranno di portare ancora più varietà nella tua alimentazione e come sempre fare un grandissimo sforzo per mangiare piatti ricchi e gustosi che ti fanno persino dimagrire. Aspettiamo le tue foto nel gruppo Facebook!

Buon appetito!

CONSIGLI UTILI

Usa un foglio di carta da forno forata sotto il cibo in modo da permettere la circolazione uniforme dell'aria e contemporaneamente sporcare di meno. Pulire dopo la cottura sarà un gioco da ragazzi.

Ungere il cestello della friggitrice, anche se antiaderente, è utile per non far attaccare i cibi. Per farlo velocemente puoi utilizzare uno spruzzino, oppure versare qualche goccia di olio e usare un foglio di carta da cucina per distribuirlo in modo uniforme.

Prendi la buona abitudine di preriscaldare la friggitrice, in particolare quando devi cuocere la carne. In questo modo, infatti, si sigillerà come quando la cucini in pentola, preservando i succhi all'interno senza seccare troppo. L'operazione è molto veloce, dal momento che la friggitrice ha un volume ridotto rispetto a un normale forno.

Quando cuoci lievitati e dolci, metti poca acqua sul fondo del cestello: ti aiuterà enormemente in cottura.

Ogni modello di friggitrice ad aria ha la propria potenza. Verifica sempre i tempi indicati nella ricetta. Meglio cuocere qualche minuto meno e controllare prima di terminare la cottura.

I contenitori da utilizzare per la cottura sono quelli che si utilizzano nel forno, per esempio: terracotta, ceramica, vetro, ghisa, acciaio, silicone e alluminio. Evitare legno, plastica e contenitori in carta. Contenitori dotati di maniglia agevolano l'estrazione dal cestello.

Se la tua è una friggitrice a cestello, assicurati di non riempirla troppo.
In questo modo la cottura sarà uniforme.

Pulisci la tua friggitrice dopo l'uso. Le parti mobili sono generalmente asportabili e lavabili, spesso anche in lavastoviglie.
Fai attenzione a non graffiare le pareti interne, antiaderenti, pulendole con una spugna troppo abrasiva.

PIANO ALIMENTARE

Nelle prossime pagine trovi il piano alimentare di 4 settimane. E' stato tarato intorno alle 1.500 kCal al giorno nella versione donna e 1.800 nella versione uomo, ovvero intorno a un fabbisogno medio per una persona che faccia attività fisica moderata.

E' prevista anche un'opzione salata per la colazione, oltre alla classica dolce.

Tutte le ricette hanno al loro interno i propri valori nutrizionali e sono sostituibili con altre ricette nel presente libro a parità di macronutrienti.

Consultati sempre con il tuo medico prima di intraprendere questo percorso.

È possibile scaricare il piano in formato stampabile e le liste della spesa all'indirizzo:
https://BookHip.com/CBXAFGQ

SETTIMANA 1
LISTA DELLA SPESA

- AGLIO
- AVOCADO (50 G)
- BASILICO FRESCO (30 G)
- BURRO CHIARIFICATO (60 G)
- BURRO DI PISTACCHIO 100% (15 G)
- CACAO AMARO (35 G)
- CANNELLA
- CARCIOFI SURGELATI (450 G)
- CIOCCOLATO FONDENTE 85% (10 G)
- CIOCCOLATO FONDENTE 90% (10 G)
- COCCO GRATTUGIATO (105 G)
- CONTROFILETTO DI MANZO (600 G)
- CURCUMA
- CURRY DOLCE
- ERBA CIPOLLINA
- ERITRITOLO (100 G)
- FARINA DI MANDORLE (100 G)
- FARINA DI SEMI DI LINO DORATI (50 G)
- FILETTO DI BRANZINO (200 G)
- FINOCCHI (400 G)
- FORMAGGIO CAPRINO (100 G)
- FORMAGGIO SPALMABILE (100 G)
- GOCCE DI CIOCCOLATO FONDENTE 70% (10 G)
- GRANA IN SCAGLIE (80 G)
- GRANELLA DI PISTACCHI (8 G)
- INSAPORITORE PER CARNE
- LATTE DI MANDORLA SENZA ZUCCHERO (1020 ML)
- LIMONI (5)
- LUPINI (150 G)
- MANDORLE (6 G)
- MASCARPONE (80 G)
- MIRTILLI (350 G)
- MOZZARELLA GRATTUGIATA (30 G)
- NOCCIOLE (5 G)
- NOCI (10 G)
- OLIO EXTRAVERGINE D'OLIVA (275 G)
- ORIGANO
- PANCETTA A FETTE (120 G)
- PANCETTA AFFUMICATA A CUBETTI (80 G)
- PAPRIKA DOLCE
- PARMIGIANO GRATTUGIATO (140 G)
- PETTO DI POLLO (230 G)
- PINOLI (20 G)
- POMODORI SECCHI SOTT'OLIO (80 G)
- PREZZEMOLO
- RICOTTA DI MUCCA (100 G)
- ROSMARINO
- RUCOLA (400 G)
- SALMONE AFFUMICATO (50 G)
- SALSA DI POMODORO (300 G)
- SCAGLIE DI MANDORLE (30 G)
- SCAMORZA (40 G)
- SEMI DI CHIA (50 G)
- SEMI DI GIRASOLE (30 G)
- SEMI DI SESAMO (30 G)
- SEMI DI ZUCCA (40 G)
- SONGINO (100 G)
- SPINACI SURGELATI (250 G)
- SPINACINO (120 G)
- SUCCO DI LIMONE (30 G)
- TÈ VERDE
- UOVA MEDIE (10)
- YOGURT GRECO 5% (400 G)
- ZAFFERANO
- ZUCCHINE (1050 G)

HAI SCELTO DI FARE LA COLAZIONE SALATA?

SCARICA LA LISTA DELLA SPESA!

SETTIMANA 1 DONNA

LUNEDÌ

Colazione:	2 porzioni di biscottini al cacao (pag. 26) + 200 ml latte di mandorla senza zucchero *oppure* 50 g affettato di tacchino + 10 g noci + 50 g avocado + 6 g olio extravergine d'oliva + una spruzzata di limone
Spuntino:	10 g cioccolato fondente 85% + 10 g noci
Pranzo:	1 porzione di nidi di spaghetti di zucchine alla carbonara scomposta (pag. 49) + 200 g zucchine
Spuntino:	100 g yogurt greco 5% + 100 g mirtilli
Cena:	130 g petto di pollo + 150 g carciofi surgelati + 20 g olio extravergine d'oliva + mousse con 50 g avocado frullato + 5 g cacao amaro + dolcificante a piacere
Macro:	Kcal 1.502, Carboidrati 23 g; Proteine 80 g; Grassi 119 g.

MARTEDÌ

Colazione:	2 porzioni di biscottini al cacao (pag. 26) + 200 ml latte di mandorla senza zucchero *oppure* 50 g salmone affumicato + 50 g avocado + 20 g formaggio spalmabile + 5 g olio extravergine d'oliva + una spruzzata di limone
Spuntino:	200 g yogurt greco 5% + 5 g cocco grattugiato
Pranzo:	1 porzione di cannolini con mousse di salmone e pistacchio (pag. 38) + 250 g spinaci surgelati + 5 g olio extravergine d'oliva
Spuntino:	1 porzione di biscottini al cacao (pag. 26) + 1 tazza di tisana
Cena:	1 porzione di nidi di spaghetti di zucchine alla carbonara scomposta (pag. 49) + 200 g zucchine
Macro:	Kcal 1.499, Carboidrati 21 g; Proteine 76 g; Grassi 122 g.

MERCOLEDÌ

Colazione:	come lunedì
Spuntino:	1 porzione di biscottini al cacao (pag. 26) + tè verde
Pranzo:	1 porzione di cannolini con mousse di salmone e pistacchio (pag. 38) + 150 g carciofi surgelati + 5 g olio extravergine d'oliva
Spuntino:	50 g ricotta di mucca + 5 g gocce di fondente 70%
Cena:	1 porzione di involtini di branzino croccanti al pesto rosso (pag. 78) + 50 g songino + 50 g spinacino + 5 g olio extravergine d'oliva + una spruzzata di limone
Macro:	Kcal 1.507, Carboidrati 19 g; Proteine 82 g; Grassi 120 g.

GIOVEDÌ

Colazione:	come martedì
Spuntino:	1 porzione di biscottini al cacao (pag. 26) + tè verde
Pranzo:	1 porzione di involtini di branzino croccanti al pesto rosso (pag. 78) + 250 g zucchine + 5 g olio extravergine d'oliva
Spuntino:	50 g ricotta di mucca + 3 g cacao amaro + dolcificante a piacere
Cena:	1 porzione di crackers ai semi (pag. 38) + 1 porzione di hummus di lupini (pag. 41) + 150 g carciofi surgelati + 5 g olio extravergine d'oliva
Macro:	Kcal 1.528, Carboidrati 24 g; Proteine 78 g; Grassi 119 g.

VENERDÌ

Colazione:	come lunedì
Spuntino:	1 porzione di biscottini al cacao (pag. 26) + tè verde
Pranzo:	100 g petto di pollo + 1 porzione di hummus di lupini (pag. 41) + 1 porzione di finocchi gratinati al curry (pag. 99)
Spuntino:	100 g mirtilli
Cena:	1 porzione di uova in purgatorio monoporzione (pag. 85) + 1 porzione di crackers ai semi (pag. 38)
Macro:	Kcal 1.514, Carboidrati 21 g; Proteine 81 g; Grassi 117 g.

SABATO

Colazione:	100 g yogurt greco + 50 g mirtilli + 5 g gocce di cioccolato fondente 70% *oppure* 5 g nocciole
Spuntino	1 porzione di hummus di lupini (pag. 41) + 1 porzione di crackers ai semi (pag. 38)
Pranzo:	1 porzione di tagliata di manzo con rucola, grana e scaglie di mandorle (pag. 86)
Spuntino	6 g mandorle
Cena:	1 porzione di hummus di lupini (pag. 41) + 1 porzione di crackers ai semi (pag. 38) + 1 porzione di finocchi gratinati al curry (pag. 99)
Macro:	Kcal 1.474, Carboidrati 23 g; Proteine 80 g; Grassi 111 g.

DOMENICA

Colazione:	1 porzione di pancake con mirtilli e mousse al cacao (pag. 33) *oppure* 1 porzione di pancake salati (base: 100 g formaggio spalmabile + 2 uova medie + 1 pizzico di sale. Farcitura: 80 g filetti di tonno sott'olio + 20 g formaggio spalmabile + 20 g noci + 100 g cetrioli + 20 g olive nere + 10 g olio extravergine d'oliva)
Spuntino	1 tazza di tè verde
Pranzo:	1 porzione di spaghetti di zucchine con funghi, pancetta e zafferano (pag. 62) + 100 g zucchine
Spuntino	1 tazza di tisana
Cena:	1 porzione di tagliata di manzo con rucola, grana e scaglie di mandorle (pag. 86) + 50 g songino + 70 g spinacino + 5 g olio extravergine d'oliva
Macro:	Kcal 1.537, Carboidrati 21 g; Proteine 78 g; Grassi 125 g.

SETTIMANA 2
LISTA DELLA SPESA

ACETO BIANCO
AGLIO FRESCO E IN POLVERE
ALBUME (400 G)
ALLORO
ANETO FRESCO
AROMA ALLA VANIGLIA
ASPARAGI VERDI SURGELATI (150 G)
AVOCADO (50 G)
BASILICO FRESCO
BURRATA (200 G)
BURRO D'ARACHIDI 100% (50 G)
BURRO DI PISTACCHI 100% (20 G)
CACAO AMARO (25 G)
CAPPERI (10 G)
CETRIOLI (150 G)
CIOCCOLATO FONDENTE 90% (10 G)
CIPOLLA ROSSA DI TROPEA (130 G)
ERITRITOLO (65 G)
FARINA DI COCCO (30 G)
FARINA DI MANDORLE (160 G)
FILETTI DI TONNO SOTT'OLIO (80 G)
FRAGOLE (30 G)
FRUTTI DI BOSCO SURGELATI (150 G)
GIRELLO O MAGATELLO DI MANZO (500 G)
GOCCE DI CIOCCOLATO FONDENTE 70% (10 G)
GRANA (10 G)
GRANA GRATTUGIATO (40 G)
GRANELLA DI NOCCIOLE (5 G)
HAMBURGER DI TACCHINO (100 G)
INSAPORITORE PER CARNE
KEBAB DI POLLO (300 G)
LATTE DI MANDORLA (400 G)
LATTUGHINO (200 G)
LIEVITO PER DOLCI (10 G)
LIMONE
LUPINI (30 G)
MAIONESE (20 G)
MASCARPONE (170 G)
MELANZANA (300 G)
MENTA (10 FOGLIE)
MISTICANZA (100 G)

MOZZARELLA GRATTUGIATA (150 G)
NOCCIOLE (20 G)
NOCI (170 G)
OLIO DI COCCO (30 G)
OLIO EXTRAVERGINE D'OLIVA (170 G)
OLIVE NERE (40 G)
OLIVE VERDI (50 G)
ORIGANO SECCO
PAPRIKA DOLCE
PARMIGIANO GRATTUGIATO (240 G)
PEPE IN GRANI
PEPERONCINO
PESCE SPADA FRESCO (200 G)
PINOLI (20 G)
POMODORI (400 G)
POMODORI SECCHI SOTT'OLIO (10 G)
PREZZEMOLO TRITATO
PROSCIUTTO COTTO A FETTE (100 G)
ROSMARINO
SALMONE AFFUMICATO (100 G)
SALSA DI POMODORO (400 G)
SCAMORZA (50 G)
SENAPE PICCANTE (40 G)
TÈ VERDE
TISANE
UOVA MEDIE (2)
VINO BIANCO (120 G)
ZUCCHINE (630 G)

**HAI SCELTO DI FARE
LA COLAZIONE SALATA?**

SCARICA LA LISTA DELLA SPESA!

SETTIMANA 2 DONNA

LUNEDÌ

Colazione:	100 ml latte di mandorla + 1 porzione di dolce zero sbatti (pag. 106) *oppure* 2 uova medie + 50 g avocado + 50 g pomodori + 5 g olio extravergine d'oliva
Spuntino:	5 g noci
Pranzo:	1 porzione di spaghetti di zucchine con funghi, pancetta e zafferano (pag. 62) + 100 g zucchine
Spuntino:	5 g noci
Cena:	1 porzione di zucchine alla scapece (pag. 100) + 110 g kebab di pollo + 50 g scamorza + 1 porzione di crackers ai semi (pag. 38)
Macro:	Kcal 1.501, Carboidrati 23 g; Proteine 75 g; Grassi 123 g.

MARTEDÌ

Colazione:	1 porzione di pancake con mirtilli e mousse al cacao (pag. 33) + 100 ml latte di mandorla *oppure* 1 porzione di pancake salati (base: 100 g formaggio spalmabile + 2 uova medie + sale. farcitura: 80 g filetti di tonno sott'olio + 20 g formaggio spalmabile + 20 g noci + 100 g cetrioli + 20 g olive nere + 10 g olio extravergine d'oliva)
Spuntino:	1 tazza di tè verde
Pranzo:	100 g salmone affumicato + 150 g pomodori + 50 g avocado + 5 g olio extravergine d'oliva
Spuntino:	1 porzione di crackers ai semi (pag. 38) + 30 g olive verdi
Cena:	1 porzione di tagliata di manzo con rucola, grana e scaglie di mandorle (pag. 86)
Macro:	Kcal 1.501, Carboidrati 20 g; Proteine 84 g; Grassi 119 g.

MERCOLEDÌ

Colazione:	come lunedì
Spuntino:	1 porzione di crackers ai semi (pag. 38)
Pranzo:	1 porzione di pesce spada al cartoccio (pag. 79) + 1 porzione di zucchine alla scapece (pag. 100)
Spuntino:	1 tazza di tisana
Cena:	1 porzione di tagliata di manzo con rucola, grana e scaglie di mandorle (pag. 86)
Macro:	Kcal 1.505, Carboidrati 21 g; Proteine 82 g; Grassi 117 g.

GIOVEDÌ

Colazione:	1 porzione di torta alle zucchine con cacao (pag. 116) + 30 g mascarpone + 50 g frutti di bosco surgelati *oppure* 100 g ricotta + 30 g olive verdi + 30 g rucola + 15 g noci + 5 g olio extravergine d'oliva + 50 g frutti di bosco surgelati
Spuntino:	1 porzione di crackers ai semi (pag. 38)
Pranzo:	80 g filetti di tonno sott'olio + 10 g maionese + 100 g pomodori + 1 porzione di focaccine rustiche (pag. 118)
Spuntino:	1 tazza di tisana
Cena:	1 porzione di pesce spada al cartoccio (pag. 79) + 100 g lattughino + 5 g olio extravergine d'oliva
Macro:	Kcal 1.521, Carboidrati 22 g; Proteine 80 g; Grassi 122 g.

VENERDÌ

Colazione:	1 porzione di torta alle zucchine con cacao (pag. 116) + 35 g mascarpone + 10 g burro di pistacchi + 5 g gocce di cioccolato fondente 70% *oppure* 40 g bresaola + 50 g avocado + 50 g rucola + 50 g olive verdi + 10 g olio extravergine d'oliva + 10 g granella di pistacchi
Spuntino:	30 g lupini
Pranzo:	1 porzione di roastbeef alla zero sbatti (pag. 86) + 70 g lattughino + 10 g olio extravergine d'oliva + limone
Spuntino:	1 porzione di torta alle zucchine con cacao (pag.116)
Cena:	1 porzione di focaccine rustiche (pag. 118) + 100 g hamburger di tacchino + 10 g pomodori secchi sott'olio + 5 g pinoli + 50 g cipolla rossa di Tropea + 30 g lattughino
Macro:	Kcal 1.501, Carboidrati 21 g; Proteine 85 g; Grassi 116 g.

SABATO

Colazione:	1 porzione di torta alle zucchine con cacao (pag. 116) + 35 g mascarpone + 10 g burro di pistacchi *oppure* 40 g bresaola + 50 g avocado + 50 g rucola + 50 g olive verdi + 10 g olio extravergine d'oliva + 12 g granella di pistacchi
Spuntino:	10 g cioccolato fondente 90% + 50 g frutti di bosco
Pranzo:	1 porzione di focaccine rustiche (pag.118) + 20 g olive verdi + 10 g maionese + 150 g cetrioli + 10 g grana + 5 g olio extravergine d'oliva + aceto
Spuntino:	20 g noci
Cena:	190 g kebab di pollo + 100 g misticanza + 40 g cipolla rossa di Tropea + 50 g pomodori + 10 g olio extravergine d'oliva
Macro:	Kcal 1.498, Carboidrati 26 g; Proteine 84 g; Grassi 116 g.

DOMENICA

Colazione:	1 porzione di torta alle zucchine con cacao (pag. 116) + 30 g mascarpone + 5 g gocce di cioccolato fondente 70% + 50 g frutti di bosco *oppure* 40 g bresaola + 50 g avocado + 50 g rucola + 50 g olive verdi + 10 g olio extravergine d'oliva + 7 g granella di pistacchi + 50 g frutti di bosco
Spuntino:	20 g nocciole
Pranzo:	1 porzione di parmigiana di melanzane (pag. 56)
Spuntino:	20 g noci
Cena:	1 porzione e mezza di roastbeef alla zero sbatti (pag. 86) + 150 g asparagi verdi surgelati + 10 g olio extravergine d'oliva
Macro:	Kcal 1.537, Carboidrati 21 g; Proteine 78 g; Grassi 125 g.

SETTIMANA 3
LISTA DELLA SPESA

- AGLIO IN POLVERE
- ALBUME (100 G)
- AVOCADO (40 G)
- BASILICO FRESCO
- BURRO (40 G)
- BURRO D'ARACHIDI 100% (30 G)
- BURRO DI PISTACCHIO 100% (20 G)
- CARCIOFI SURGELATI (350 G)
- CAVOLFIORE (600 G)
- CHAMPIGNON SOTT'OLIO (100 G)
- CIOCCOLATO FONDENTE 90% (30 G)
- CIPOLLA ROSSA DI TROPEA (20 G)
- COCCO GRATTUGIATO (100 G)
- CURCUMA
- CURRY DOLCE
- DESSERT PROTEICO (200 G)
- ERBA CIPOLLINA SECCA
- ERITRITOLO (100 G)
- FARINA DI COCCO (100 G)
- FARINA DI MANDORLE (50 G)
- FIOCCHI DI LATTE (200 G)
- FORMAGGIO BRIE (100 G)
- FRAGOLE (100 G)
- FRUTTI DI BOSCO SURGELATI (20 G)
- FUNGHI CHAMPIGNON (500 G)
- GRANA GRATTUGIATO (30 G)
- GRANA IN SCAGLIE (10 G)
- LAMPONI (200 G)
- LATTE DI SOIA SENZA ZUCCHERO (360 G)
- LIEVITO PER DOLCI (10 G)
- LIMONE
- LUPINI (50 G)
- MAIONESE (5 G)
- MOZZARELLA GRATTUGIATA (220 G)
- NOCI (15 G)
- OLIO EXTRAVERGINE D'OLIVA (145 G)
- OLIVE NERE (10 G)
- PANNA FRESCA (250 G)
- PARMIGIANO GRATTUGIATO (20 G)
- PECORINO ROMANO GRATTUGIATO (30 G)
- PINOLI (5 G)
- PREZZEMOLO TRITATO
- PROSCIUTTO COTTO A FETTE (100 G)
- RUCOLA (100 G)
- SALMONE AFFUMICATO (40 G)
- SALSA DI SOIA
- SCAMORZA AFFUMICATA (200 G)
- SEMI DI GIRASOLE (20 G)
- SEMI DI SESAMO (30 G)
- SONGINO (100 G)
- SPINACI SURGELATI (200 G)
- TOFU AL NATURALE (250 G)
- UOVA MEDIE (6)
- YOGURT GRECO 5% (200 G)
- ZUCCHINE (1 KG)

HAI SCELTO DI FARE LA COLAZIONE SALATA?

SCARICA LA LISTA DELLA SPESA!

SETTIMANA 3 DONNA

LUNEDÌ

Colazione:	1 porzione di torta alle zucchine con cacao (pag. 116) + 50 g yogurt greco 5% + 100 g fragole + 10 g burro d'arachidi *oppure* 60 g salmone affumicato + 30 g formaggio spalmabile + 70 g pomodori + 20 g olive nere+ 5 g olio extravergine d'oliva + 70 g fragole
Spuntino:	10 g noci
Pranzo:	1 porzione di focaccine rustiche (pag. 118) + 1 porzione di champignon ai semi di girasole (pag. 98)
Spuntino:	5 g noci
Cena:	1 porzione di roastbeef alla zero sbatti (pag. 86) + 100 g rucola + 40 g avocado + 10 g olio extravergine d'oliva + 10 g grana in scaglie + una spruzzata di limone
Macro:	Kcal 1.499, Carboidrati 20 g; Proteine 83 g; Grassi 117 g.

MARTEDÌ

Colazione:	1 porzione di muffin al cocco con frutti di bosco e cioccolato (pag. 108) *oppure* 1 uovo medio + 15 g olive nere + 30 g rucola + 5 g olio extravergine d'oliva
Spuntino:	100 g lamponi
Pranzo:	1 porzione di parmigiana di melanzane (pag. 56) + mezza porzione di roastbeef alla zero sbatti (pag. 86)
Spuntino:	1 porzione di muffin al cocco con frutti di bosco e cioccolato (pag. 108)
Cena:	1 porzione di focaccine rustiche (pag. 118)+ 1 porzione di champignon ai semi di girasole (pag. 98)
Macro:	Kcal 1.503, Carboidrati 19 g; Proteine 76 g; Grassi 119 g.

MERCOLEDÌ

Colazione:	1 porzione di muffin al cocco con frutti di bosco e cioccolato (pag. 108) + 50 ml latte di soia senza zucchero *oppure* 1 uovo medio + 15 g olive nere + 30 g rucola + 5 g olio extravergine d'oliva
Spuntino:	100 g fiocchi di latte + 10 g burro d'arachidi
Pranzo:	1 porzione di focaccine rustiche (pag. 118) + 100 g fiocchi di latte + 40 g songino + 40 g salmone affumicato + 20 g cipolla rossa di Tropea + 10 g olive nere + 5 g pinoli + 2 g olio extravergine d'oliva
Spuntino:	1 porzione di muffin al cocco con frutti di bosco e cioccolato (pag. 108)
Cena:	1 porzione di parmigiana di melanzane (pag. 56)
Kcal/ Macro:	Kcal 1.518, Carboidrati 18 g; Proteine 84 g; Grassi 120 g.

GIOVEDÌ

Colazione:	1 porzione di muffin al cocco con frutti di bosco e cioccolato (pag. 108) + 50 ml latte di soia senza zucchero + 10 g burro di pistacchi 100 % *oppure* 1 uovo medio + 15 g olive nere + 30 g rucola + 12 g olio extravergine d'oliva
Spuntino:	10 g cioccolato fondente 90%
Pranzo:	1 porzione di spaghetti di zucchine all'orientale (pag. 59)
Spuntino:	1 porzione di muffin al cocco con frutti di bosco e cioccolato (pag. 108)
Cena:	2 porzioni di frittelle di cavolfiore al pecorino (pag. 68) + 50 g yogurt greco 5% + 5 g maionese + 60 g songino + 2 g olio extravergine d'oliva
Macro:	Kcal 1.502, Carboidrati 25 g; Proteine 65 g; Grassi 122 g.

VENERDÌ

Colazione:	1 porzione di muffin al cocco con frutti di bosco e cioccolato (pag. 108) + 50 ml latte di soia senza zucchero + 10 g burro d'arachidi 100 % *oppure* 1 uovo medio + 15 g olive nere + 30 g rucola + 12 g olio extravergine d'oliva
Spuntino:	100 g lamponi + 1 porzione di muffin al cocco con frutti di bosco e cioccolato (pag. 108)
Pranzo:	1 porzione di focaccine rustiche (pag. 118)+ 150 g carciofi surgelati + 1 uovo medio + 5 g olio extravergine d'oliva
Spuntino:	50 g lupini salati
Cena:	1 porzione di parmigiana di melanzane (pag. 56) + 20 g mozzarella grattugiata
Macro:	Kcal 1.516, Carboidrati 25 g; Proteine 76 g; Grassi 118 g.

SABATO

Colazione:	2 porzioni di muffin al cocco con frutti di bosco e cioccolato (pag. 108) *oppure* 1 uovo + 50 g avocado + 10 g noci + 10 g parmigiano + 3 g olio extravergine d'oliva
Spuntino	50 g yogurt greco 5%
Pranzo:	1 porzione di spaghetti di zucchine all'orientale (pag. 59)
Spuntino	8 g noci
Cena:	2 porzioni di frittelle di cavolfiore al pecorino (pag. 68) + 200 g spinaci surgelati + 100 g albume + 5 g olio extravergine d'oliva
Macro:	Kcal 1.509, Carboidrati 25 g; Proteine 76 g; Grassi 119 g.

DOMENICA

Colazione:	2 porzioni di muffin al cocco con frutti di bosco e cioccolato (pag. 108) + 10 g burro di pistacchio 100% *oppure* 1 uovo + 50 g avocado + 10 g noci + 10 g parmigiano + 10 g olio extravergine d'oliva
Spuntino	1 tazza di tisana
Pranzo:	1 porzione di parmigiana di zucchine ai formaggi (pag. 57) + 10 g olio extravergine d'oliva
Spuntino	200 g dessert proteico
Cena:	1 porzione di focaccine rustiche (pag. 118) + 200 g carciofi + 10 g olio extravergine d'oliva
Macro:	Kcal 1.502, Carboidrati 28 g; Proteine 77 g; Grassi 117 g.

SETTIMANA 4
LISTA DELLA SPESA

- AGLIO IN POLVERE
- AROMA DI VANIGLIA
- ASPARAGI BIANCHI IN BARATTOLO (200 G)
- AVOCADO (50 G)
- BAFFA DI COSTINE DI MAIALE (400 G)
- BURRO (90 G)
- CAVOLINI DI BRUXELLES (200 G)
- CIOCCOLATO FONDENTE 85% (10 G)
- CIPOLLA ESSICCATA
- CIPOLLA ROSSA DI TROPEA (70 G)
- DOLCIFICANTE
- ERBA CIPOLLINA TRITATA
- ERITRITOLO (80 G)
- FARINA DI MANDORLE (230 G)
- INSALATA VALERIANA (100 G)
- INSAPORITORE PER CARNE
- LAMPONI (50 G)
- LATTE DI SOIA SENZA ZUCCHERO (280 ML)
- LATTUGHINO (100 G)
- LIEVITO PER DOLCI (10 G)
- LIMONI (4)
- MAGGIORANA IN POLVERE
- MAIONESE (25 G)
- MIRTILLI (130 G)
- NOCCIOLE (40 G)
- NOCI (20 G)
- OLIO EXTRAVERGINE D'OLIVA (170 G)
- OLIVE NERE (20 G)
- OLIVE VERDI (20 G)
- ORIGANO
- PAPRIKA DOLCE
- PARMIGIANO GRATTUGIATO (50 G)
- PEPE IN GRANI
- PEPERONI GIALLI (50 G)
- PEPERONI ROSSI (50 G)
- PEPERONI VERDI (50 G)
- POMODORI (50 G)
- PREZZEMOLO TRITATO
- RICOTTA (150 G)
- ROSMARINO SECCO
- SALSA DI SOIA
- SCAMORZA (50 G)
- SEMI DI SESAMO (60 G)
- SPEZIE PER SALSA TZATZIKI
- TE VERDE
- TISANE
- TRANCIO DI TONNO ROSSO FRESCO (600 G)
- TROTA SALMONATA (200 G)
- UOVA MEDIE (4)
- VINO BIANCO (100 G)
- YOGURT GRECO 5% (280 G)
- ZUCCA COTTA AL VAPORE O AL FORNO (350 G)
- ZUCCA CRUDA (300 G)

HAI SCELTO DI FARE LA COLAZIONE SALATA?

SCARICA LA LISTA DELLA SPESA!

SETTIMANA 4 DONNA

LUNEDÌ

Colazione:	1 porzione di plumcake ai mirtilli (pag. 110) + 50 ml latte di soia senza zucchero *oppure* 50 g salmone affumicato + 100 g pomodori + 20 g formaggio spalmabile + 30 g olive verdi + 5 g olio extravergine d'oliva
Spuntino:	10 g noci
Pranzo:	1 porzione di parmigiana di zucchine (pag. 57) + 10 g noci
Spuntino:	50 g lamponi + 50 g mirtilli
Cena:	1 porzione di tonno in crosta di sesamo (pag. 82) + 1 porzione di cavolini di Bruxelles fritti (pag. 96) + 10 g maionese
Macro:	Kcal 1.515, Carboidrati 20 g; Proteine 83 g; Grassi 120 g.

MARTEDÌ

Colazione:	2 porzioni di muffin al cocco con frutti di bosco e cioccolato (pag. 108) + 50 ml latte di soia senza zucchero *oppure* 1 uovo + 50 g avocado + 10 g noci + 10 g parmigiano + 5 g olio extravergine d'oliva
Spuntino:	1 tazza di tè verde
Pranzo:	1 porzione di tonno in crosta di sesamo (pag. 82) + 100 g lattughino + 50 g pomodori + 50 g cipolla rossa di Tropea + 20 g olive nere + 20 g olive verdi + 5 g olio extravergine d'oliva
Spuntino:	1 porzione di plumcake ai mirtilli (pag. 110)
Cena:	1 porzione di parmigiana di zucchine (pag. 57)
Macro:	Kcal 1.494, Carboidrati 19 g; Proteine 77 g; Grassi 121 g.

MERCOLEDÌ

Colazione:	2 porzioni di muffin al cocco con frutti di bosco e cioccolato (pag. 108) *oppure* 1 uovo + 50 g avocado + 10 g noci + 10 g parmigiano + 5 g olio extravergine d'oliva
Spuntino:	mousse con 50 g yogurt greco 5% + 1 tuorlo d'uovo + 10 g cioccolato fondente 85% + dolcificante
Pranzo:	1 porzione di parmigiana di zucchine (pag. 57)
Spuntino:	1 tazza di tisana
Cena:	1 porzione di tonno in crosta di sesamo (pag. 82)+ 1 porzione di cavolini di Bruxelles fritti (pag. 96)
Kcal/Macro:	Kcal 1.515, Carboidrati 16 g; Proteine 83 g; Grassi 120 g.

GIOVEDÌ

Colazione:	2 porzioni di plumcake ai mirtilli (pag. 110) + 50 ml latte di soia senza zucchero *oppure* 70 g salmone affumicato + 40 g formaggio spalmabile + 50 g olive verdi + 100 g pomodori + 10 g olio extravergine d'oliva + 8 g noci
Spuntino:	1 tazza di tè verde
Pranzo:	1 porzione di parmigiana di zucchine (pag. 57) + 50 g avocado
Spuntino:	10 g nocciole
Cena:	1 porzione di tonno in crosta di sesamo (pag. 82) + 200 g asparagi bianchi in barattolo + 5 g olio extravergine d'oliva
Macro:	Kcal 1.511, Carboidrati 17 g; Proteine 83 g; Grassi 120 g.

VENERDÌ

Colazione:	2 porzioni di plumcake ai mirtilli (pag. 110) + 50 ml latte di soia senza zucchero *oppure* 70 g salmone affumicato + 40 g formaggio spalmabile + 50 g olive verdi + 100 g pomodori + 10 g olio extravergine d'oliva + 8 g noci
Spuntino:	1 tazza di tè verde
Pranzo:	1 porzione di parmigiana di zucchine (pag. 57) + 2 porzioni di chips di zucca (pag. 98)
Spuntino:	10 g noci
Cena:	1 porzione di filetto di trota salmonata con peperoni e nocciole tostate (pag. 94)
Macro:	Kcal 1.475, Carboidrati 23 g; Proteine 69 g; Grassi 121 g.

SABATO

Colazione:	2 porzioni di plumcake ai mirtilli (pag. 110) *oppure* 70 g salmone affumicato + 40 g formaggio spalmabile + 50 g olive verdi + 100 g pomodori + 10 g olio extravergine d'oliva + 6 g noci
Spuntino	1 tazza di tè verde
Pranzo:	1 porzione di filetto di trota salmonata con peperoni e nocciole tostate (pag. 94) + 5 g maionese
Spuntino	1 tazza di tisana
Cena:	1 porzione di costine zero sbatti BBQ (pag. 68) + 2 porzioni di chips di zucca (pag. 98)
Macro:	Kcal 1.521, Carboidrati 27 g; Proteine 64 g; Grassi 127 g.

DOMENICA

Colazione:	2 porzioni di plumcake ai mirtilli (pag. 110) + 50 ml latte di soia senza zucchero *oppure* 70 g salmone affumicato + 40 g formaggio spalmabile + 50 g olive verdi + 100 g pomodori + 10 g olio extravergine d'oliva + 8 g noci
Spuntino	1 tazza di tisana
Pranzo:	4 porzioni di polpette di zucca ripiene di scamorza (pag. 46) + 100 g yogurt greco 5% + 10 g maionese + spezie per salsa tzatziki + una spruzzata di limone + 50 g insalata valeriana
Spuntino	1 tazza di tè verde
Cena:	1 porzione di costine zero sbatti BBQ (pag. 68) + 50 g insalata valeriana + 10 g olio extravergine d'oliva
Macro:	Kcal 1.509, Carboidrati 27 g; Proteine 68 g; Grassi 123 g.

SETTIMANA 1
LISTA DELLA SPESA

- AGLIO
- AVOCADO (50 G)
- BASILICO FRESCO (30 G)
- BURRO CHIARIFICATO (60 G)
- BURRO DI PISTACCHIO 100% (12G)
- CACAO AMARO (35 G)
- CANNELLA
- CARCIOFI SURGELATI (450 G)
- CHAMPIGNON SOTTOLIO (120 G)
- CIOCCOLATO FONDENTE 85% (10 G)
- CIOCCOLATO FONDENTE 90% (10 G)
- COCCO GRATTUGIATO (125 G)
- CONTROFILETTO DI MANZO (600 G)
- CURCUMA
- CURRY DOLCE
- ERBA CIPOLLINA
- ERITRITOLO (100 G)
- FARINA DI MANDORLE (100 G)
- FARINA DI SEMI DI LINO DORATI (50 G)
- FILETTO DI BRANZINO (200 G)
- FINOCCHI (400 G)
- FORMAGGIO CAPRINO (100 G)
- FORMAGGIO SPALMABILE (100 G)
- GOCCE DI CIOCCOLATO FONDENTE 70% (10 G)
- GRANA IN SCAGLIE (80 G)
- GRANELLA DI PISTACCHI (8 G)
- INSAPORITORE PER CARNE
- LATTE DI MANDORLA SENZA ZUCCHERO (1020 ML)
- LIMONI (5)
- LUPINI (200 G)
- MANDORLE (30 G)
- MASCARPONE (80 G)
- MIRTILLI (300 G)
- MOZZARELLA GRATTUGIATA (30 G)
- NOCCIOLE (5 G)
- NOCI (50 G)
- OLIO EXTRAVERGINE D'OLIVA (365 G)
- ORIGANO
- PANCETTA A FETTE (120 G)
- PANCETTA AFFUMICATA A CUBETTI (240 G)
- PANNA DA CUCINA (100 G)
- PAPRIKA DOLCE
- PARMIGIANO GRATTUGIATO (150 G)
- PETTO DI POLLO (480 G)
- PINOLI (20 G)
- POMODORI SECCHI SOTT'OLIO (80 G)
- PREZZEMOLO
- RICOTTA DI MUCCA (200 G)
- ROSMARINO
- RUCOLA (400 G)
- SALMONE AFFUMICATO (100 G)
- SALSA DI POMODORO (300 G)
- SCAGLIE DI MANDORLE (30 G)
- SCAMORZA (40 G)
- SEMI DI CHIA (50 G)
- SEMI DI GIRASOLE (30 G)
- SEMI DI SESAMO (30 G)
- SEMI DI ZUCCA (40 G)
- SONGINO (100 G)
- SPINACI SURGELATI (250 G)
- SPINACINO (120 G)
- TÈ VERDE
- UOVA MEDIE (11)
- YOGURT GRECO 5% (650 G)
- ZAFFERANO
- ZUCCHINE (1050 G)

HAI SCELTO DI FARE LA COLAZIONE SALATA?

SCARICA LA LISTA DELLA SPESA!

SETTIMANA 1 UOMO

LUNEDÌ

Colazione:	3 porzioni di biscottini al cacao (pag. 26) + 200 ml di latte di mandorla senza zucchero *oppure* 60 g affettato di tacchino + 20 g noci + 65 g avocado + 10 g olio extravergine d'oliva + una spruzzata di limone
Spuntino:	10 g cioccolato fondente 85% + 20 g noci
Pranzo:	1 porzione di nidi di spaghetti di zucchine alla carbonara scomposta (pag. 49) + 200 g zucchine
Spuntino:	150 g yogurt greco 5% + 50 g mirtilli
Cena:	180 g petto di pollo + 150 g carciofi surgelati + 20 g olio extravergine d'oliva + mousse con 50 g avocado frullato + 5 g cacao amaro + dolcificante a piacere
Macro:	Kcal 1.801, Carboidrati 24 g; Proteine 101 g; Grassi 142 g.

MARTEDÌ

Colazione:	2 porzioni di biscottini al cacao (pag. 26) + 200 ml latte di mandorla senza zucchero *oppure* 50 g salmone affumicato + 50 g avocado + 20 g formaggio spalmabile + 5 g olio extravergine d'oliva + una spruzzata di limone
Spuntino:	250 g yogurt greco 5% + 5 g cocco grattugiato
Pranzo:	1 porzione di cannolini con mousse di salmone e pistacchio (pag. 38) + 50 g salmone + 250 g spinaci surgelati + 10 g olio extravergine d'oliva
Spuntino:	30 g noci
Cena:	1 porzione di nidi di spaghetti di zucchine alla carbonara scomposta (pag. 49) +1 uovo medio + 200 g zucchine
Macro:	Kcal 1.809, Carboidrati 23 g; Proteine 99 g; Grassi 146 g.

MERCOLEDÌ

Colazione:	2 porzioni di biscottini al cacao (pag. 26) + 200 g di latte di mandorla senza zucchero *oppure* 50 g affettato di tacchino + 10 g noci + 50 g avocado + 6 g olio extravergine d'oliva + una spruzzata di limone
Spuntino:	1 porzione di biscottini al cacao (pag. 26) + tè verde
Pranzo:	1 porzione di cannolini con mousse di salmone e pistacchio (pag. 38) + 150 g carciofi surgelati + 50 g lupini + 10 g olio extravergine d'oliva
Spuntino:	150 g ricotta di mucca + 5 g gocce di fondente 70% + 5 g mandorle
Cena:	1 porzione di involtini di branzino croccanti al pesto rosso (pag. 78) + 50 g songino + 50 g spinacino + 10 g olio extravergine d'oliva + una spruzzata di limone
Macro:	Kcal 1.810, Carboidrati 24 g; Proteine 98 g; Grassi 144 g.

GIOVEDÌ

Colazione:	come martedì
Spuntino:	1 porzione di biscottini al cacao (pag. 26) + tè verde
Pranzo:	1 porzione di involtini di branzino croccanti al pesto rosso (pag. 78) + 250 g zucchine + 7 g olio extravergine d'oliva
Spuntino:	50 g ricotta di mucca + 3 g cacao amaro + dolcificante a piacere
Cena:	2 porzioni di crackers ai semi (pag. 38) + 2 porzioni di hummus di lupini (pag. 41) + 150 g carciofi surgelati + 10 g olio extravergine d'oliva
Macro:	Kcal 1.827, Carboidrati 26 g; Proteine 90 g; Grassi 144 g.

VENERDÌ

Colazione:	come mercoledì
Spuntino:	1 porzione di biscottini al cacao (pag. 26) + tè verde
Pranzo:	200 g petto di pollo + 1 porzione di hummus di lupini (pag. 41) + 1 porzione di finocchi gratinati al curry (pag. 99) + 10 g olio extravergine d'oliva
Spuntino:	100 g mirtilli
Cena:	1 porzione di uova in purgatorio monoporzione (pag. 85) + 1 porzione di crackers ai semi (pag. 38) + 12 g olio extravergine d'oliva
Macro:	Kcal 1.812, Carboidrati 21 g; Proteine 104 g; Grassi 140 g.

SABATO

Colazione:	250 g yogurt greco + 50 g mirtilli + 5 g gocce di cioccolato fondente 70% *oppure* 5 g nocciole + 20 g cocco grattugiato
Spuntino	1 porzione di crackers ai semi (pag. 38)
Pranzo:	1 porzione di tagliata di manzo con rucola, grana e scaglie di mandorle (pag. 86) + 10 g olio extravergine
Spuntino	25 g mandorle
Cena:	1 porzione di hummus di lupini (pag. 41) + 1 porzione di crackers ai semi (pag. 38) + 1 porzione di finocchi gratinati al curry (pag. 99)
Macro:	Kcal 1.796, Carboidrati 25 g; Proteine 97 g; Grassi 139 g.

DOMENICA

Colazione:	1 porzione di pancake con lamponi e mousse al cacao *oppure* 1 porzione di pancake salati (100 g formaggio spalmabile + 2 uova medie + sale. farcitura: 80 g filetti di tonno sott'olio + 20 g formaggio spalmabile + 20 g noci + 100 g cetrioli + 20 g olive nere + 10 g olio extravergine d'oliva)
Spuntino	1 tazza di tè verde
Pranzo:	1 porzione di spaghetti di zucchine con funghi, pancetta e zafferano (pag. 62) + 100 g petto di pollo + 15 g olio extravergine d'oliva + 100 g zucchine
Spuntino	1 tazza di tisana
Cena:	1 porzione di tagliata di manzo con rucola, grana e scaglie di mandorle (pag. 86) + 50 g songino + 70 g spinacino + 12 g olio extravergine d'oliva
Macro:	Kcal 1.836, Carboidrati 21 g; Proteine 102 g; Grassi 148 g.

SETTIMANA 2
LISTA DELLA SPESA

- ACETO BIANCO
- AGLIO FRESCO E IN POLVERE
- ALBUME (400 G)
- ALLORO
- ANETO FRESCO
- AROMA ALLA VANIGLIA
- ASPARAGI VERDI SURGELATI (150 G)
- AVOCADO (140 G)
- BASILICO FRESCO
- BURRATA (200 G)
- BURRO D'ARACHIDI 100% (50 G)
- BURRO DI PISTACCHI 100% (20 G)
- CACAO AMARO (25 G)
- CAPPERI (10 G)
- CETRIOLI (150 G)
- CIOCCOLATO FONDENTE 85% (10 G)
- CIOCCOLATO FONDENTE 90% (10 G)
- CIPOLLA ROSSA DI TROPEA (130 G)
- ERITRITOLO (65 G)
- FARINA DI COCCO (30 G)
- FARINA DI MANDORLE (160 G)
- FILETTI DI TONNO SOTT'OLIO (100 G)
- FRAGOLE (30 G)
- FRUTTI DI BOSCO SURGELATI (150 G)
- GIRELLO O MAGATELLO DI MANZO (500 G)
- GOCCE DI CIOCCOLATO FONDENTE 70% (10 G)
- GRANA (20 G)
- GRANA GRATTUGIATO (40 G)
- GRANELLA DI NOCCIOLE (5G)
- HAMBURGER DI TACCHINO (200 G)
- INSAPORITORE PER CARNE
- KEBAB DI POLLO (300 G)
- LATTE DI MANDORLA (400 G)
- LATTUGHINO (200 G)
- LIEVITO PER DOLCI (10 G)
- LIMONE
- LUPINI (30 G)
- MAIONESE (30 G)
- MASCARPONE (170 G)
- MELANZANA (300 G)
- MENTA (10 FOGLIE)
- MISTICANZA (100 G)
- MOZZARELLA GRATTUGIATA (150 G)
- NOCCIOLE (40 G)
- NOCI (190 G)
- OLIO DI COCCO (30 G)
- OLIO EXTRAVERGINE D'OLIVA (220 G)
- OLIVE NERE (40 G)
- OLIVE VERDI (110 G)
- ORIGANO SECCO
- PAPRIKA DOLCE
- PARMIGIANO GRATTUGIATO (240 G)
- PEPE IN GRANI
- PEPERONCINO
- PESCE SPADA FRESCO (200 G)
- PETTO DI POLLO (150 G)
- PINOLI (20 G)
- POMODORI (400 G)
- POMODORI SECCHI SOTT'OLIO (10 G)
- PREZZEMOLO TRITATO
- PROSCIUTTO COTTO A FETTE (100 G)
- ROSMARINO
- SALMONE AFFUMICATO (200 G)
- SALSA DI POMODORO (400 G)
- SCAMORZA (100 G)
- SENAPE PICCANTE (40 G)
- TÈ VERDE
- TISANE
- UOVA MEDIE (2)
- VINO BIANCO (120 G)
- YOGURT GRECO 5% (400 G)
- ZUCCHINE (810 G)

HAI SCELTO DI FARE LA COLAZIONE SALATA?

SCARICA LA LISTA DELLA SPESA!

SETTIMANA 2 UOMO

LUNEDÌ

Colazione:	100 ml latte di mandorla + 1 porzione di dolce zero sbatti (pag. 106) *oppure* 2 uova medie + 50 g avocado + 50 g pomodori + 5 g olio extravergine d'oliva
Spuntino:	5 g noci
Pranzo:	1 porzione di spaghetti di zucchine con funghi, pancetta e zafferano (pag. 62) + 100 g zucchine
Spuntino:	7 g noci
Cena:	1 porzione di zucchine alla scapece (pag. 100) + 210 g kebab di pollo + 100 g scamorza + 1 porzione di crackers ai semi (pag. 38)
Macro:	Kcal 1.805, Carboidrati 25 g; Proteine 102 g; Grassi 144 g.

MARTEDÌ

Colazione:	1 porzione di pancake con mirtilli e mousse al cacao (pag. 33) + 100 ml latte di mandorla *oppure* 1 porzione di pancake salati (base: 100 g formaggio spalmabile + 2 uova medie + sale. Farcitura: 80 g filetti di tonno sott'olio + 20 g formaggio spalmabile + 20 g noci + 100 g cetrioli + 20 g olive nere + 10 g olio extravergine d'oliva)
Spuntino:	1 tazza di tè verde
Pranzo:	200 g salmone affumicato + 150 g pomodori + 50 g avocado + 15 g olio extravergine d'oliva
Spuntino:	1 porzione di crackers ai semi (pag. 38) + 60 g olive verdi
Cena:	1 porzione di tagliata di manzo con rucola, grana e scaglie di mandorle (pag. 86)
Macro:	Kcal 1.811, Carboidrati 20 g; Proteine 105 g; Grassi 144 g.

MERCOLEDÌ

Colazione:	come lunedì
Spuntino:	1 porzione di crackers ai semi (pag. 38)
Pranzo:	1 porzione di pesce spada al cartoccio (pag. 79) + 1 porzione di zucchine alla scapece (pag. 100)
Spuntino:	200 g yogurt greco 5% + 17 g noci
Cena:	1 porzione di tagliata di manzo con rucola, grana e scaglie di mandorle (pag. 86)
Macro:	Kcal 1.808, Carboidrati 25 g; Proteine 103 g; Grassi 142 g.

GIOVEDÌ

Colazione:	1 porzione di torta alle zucchine con cacao (pag. 116) + 30 g mascarpone + 50 g frutti di bosco surgelati *oppure* 100 g ricotta + 30 g olive verdi + 30 g rucola + 15 g noci + 5 g olio extravergine d'oliva
Spuntino:	100 g yogurt greco 5% + 17 g nocciole
Pranzo:	100 g filetti di tonno sott'olio + 20 g maionese + 100 g pomodori + 1 porzione di focaccine rustiche (pag. 118)
Spuntino:	100 g yogurt greco 5% + 10 g fondente 85%
Cena:	1 porzione di pesce spada al cartoccio (pag. 79) + 100 g lattughino + 5 g olio extravergine d'oliva
Macro:	Kcal 1.830, Carboidrati 26 g; Proteine 93 g; Grassi 144 g.

VENERDÌ

Colazione:	1 porzione di torta alle zucchine con cacao (pag. 116) + 35 g mascarpone + 10 g burro di pistacchi + 5 g gocce di cioccolato fondente 70% *oppure* 40 g bresaola + 50 g avocado + 50 g rucola + 50 g olive verdi + 10 g olio extravergine d'oliva + 10 g granella di pistacchi
Spuntino:	30 g lupini
Pranzo:	1 porzione di roastbeef alla zero sbatti (pag. 86) + 70 g lattughino + 10 g olio extravergine d'oliva + limone + 40 g avocado
Spuntino:	1 porzione di torta alle zucchine con cacao (pag.116)
Cena:	1 porzione di focaccine rustiche (pag. 118) + 200 g hamburger di tacchino + 10 g pomodori secchi sott'olio + 5 g pinoli + 50 g cipolla rossa di Tropea + 30 g lattughino + 8 g olio extravergine di oliva
Macro:	Kcal 1.806, Carboidrati 23 g; Proteine 106 g; Grassi 140 g.

SABATO

Colazione:	1 porzione di torta alle zucchine con cacao (pag. 116) + 35 g mascarpone + 10 g burro di pistacchi *oppure* 40 g bresaola + 50 g avocado + 50 g rucola + 50 g olive verdi + 10 g olio extravergine d'oliva + 12 g granella di pistacchi
Spuntino	10 g cioccolato fondente 90% + 50 g frutti di bosco
Pranzo:	1 porzione di focaccine rustiche (pag. 118) + 20 g olive verdi + 10 g maionese + 150 g cetrioli + 10 g grana + 15 g olio extravergine d'oliva + aceto
Spuntino	20 g noci
Cena:	90 g kebab di pollo + 150 petto di pollo +100 g misticanza + 40 g cipolla rossa di Tropea + 50 g pomodori + 20 g olio extravergine d'oliva
Macro:	Kcal 1.793, Carboidrati 23 g; Proteine 99 g; Grassi 144 g.

DOMENICA

Colazione:	1 porzione di torta alle zucchine con cacao (pag. 116) + 30 g mascarpone + 5 g gocce di cioccolato fondente 70% + *oppure* 40 g bresaola + 50 g rucola + 50 g avocado + 50 g olive verdi + 10 g olio extravergine d'oliva + 7 g granella di pistacchi
Spuntino	20 g nocciole + 50 g frutti di bosco
Pranzo:	1 porzione di parmigiana di melanzane (pag. 56) + 50 g avocado + 10 g olio extravergine d'oliva
Spuntino	20 g noci
Cena:	1 porzione e mezza di roastbeef alla zero sbatti (pag. 86) + 150 g asparagi verdi surgelati + 10 g olio extravergine d'oliva
Macro:	Kcal 1.803, Carboidrati 21 g; Proteine 98 g; Grassi 140 g.

SETTIMANA 3
LISTA DELLA SPESA

AGLIO IN POLVERE
ALBUME (300 G)
AVOCADO (50 G)
BASILICO
BRESAOLA (80 G)
BURRO (40 G)
BURRO D'ARACHIDI 100% (30 G)
BURRO DI PISTACCHIO 100% (20 G)
CARCIOFI SURGELATI (350 G)
CAVOLFIORE (600 G)
CHAMPIGNON SOTT'OLIO (100 G)
CIOCCOLATO FONDENTE 90% (30 G)
CIPOLLA ROSSA DI TROPEA (20 G)
COCCO GRATTUGIATO (100 G)
CURCUMA
CURRY DOLCE
DESSERT PROTEICO (200 G)
ERBA CIPOLLINA
ERITRITOLO (100 G)
FARINA DI COCCO (100 G)
FARINA DI MANDORLE (50 G)
FESA DI TACCHINO (350 G)
FIOCCHI DI LATTE (200 G)
FORMAGGIO BRIE (100 G)
FRAGOLE (100 G)
FRUTTI DI BOSCO SURGELATI (20 G)
FUNGHI CHAMPIGNON (500 G)
GRANA GRATTUGIATO (30 G)
GRANA IN SCAGLIE (10 G)
LAMPONI (200 G)
LATTE DI SOIA SENZA ZUCCHERO (360 G)
LIEVITO PER DOLCI (10 G)
LIMONE
LUPINI (120 G)
MAIONESE (5 G)
MOZZARELLA GRATTUGIATA (220 G)
NOCI (40 G)
OLIO EXTRAVERGINE D'OLIVA (250 G)
OLIVE NERE (10 G)
PANNA FRESCA (250 G)
PARMIGIANO GRATTUGIATO (20 G)

PECORINO ROMANO GRATTUGIATO (30 G)
PINOLI (5 G)
PREZZEMOLO TRITATO
PROSCIUTTO COTTO A FETTE (100 G)
RUCOLA (100 G)
SALMONE AFFUMICATO (40 G)
SALSA DI SOIA
SCAMORZA AFFUMICATA (200 G)
SEMI DI GIRASOLE (20 G)
SEMI DI SESAMO (30 G)
SONGINO (100 G)
SPINACI SURGELATI (200 G)
TOFU AL NATURALE (250 G)
TONNO SOTTOLIO SGOCCIOLATO (150G)
UOVA MEDIE (6)
YOGURT GRECO 5% (300 G)
ZUCCHINE (1 KG)

HAI SCELTO DI FARE LA COLAZIONE SALATA?

SCARICA LA LISTA DELLA SPESA!

SETTIMANA 3 UOMO

LUNEDÌ

Colazione:	1 porzione di torta alle zucchine con cacao (pag. 116) + 50 g yogurt greco 5% + 30 g fragole + 10 g burro d'arachidi *oppure* 60 g salmone affumicato + 30 g formaggio spalmabile + 70 g pomodori + 20 g olive nere + 5 g olio extravergine d'oliva
Spuntino:	10 g noci + 100 g yogurt greco 5% + 70 g fragole
Pranzo:	1 porzione di focaccine rustiche (pag. 118) + 1 porzione di champignon ai semi di girasole (pag. 98)
Spuntino:	10 g noci + 70 g lupini
Cena:	1 porzione di roastbeef alla zero sbatti (pag. 86) + 100 g rucola + 50 g avocado + 20 g olio extravergine d'oliva + 10 g grana in scaglie + una spruzzata di limone
Macro:	Kcal 1.806, Carboidrati 25 g; Proteine 101 g; Grassi 140 g.

MARTEDÌ

Colazione:	1 porzione di muffin al cocco con frutti di bosco e cioccolato (pag. 108) *oppure* 1 uovo medio + 15 g olive nere + 30 g rucola + 5 g olio extravergine d'oliva
Spuntino:	100 g lamponi
Pranzo:	1 porzione di parmigiana di melanzane (pag. 56) + 150 g fesa di tacchino + 15 g olio extravergine d'oliva
Spuntino:	1 porzione di muffin al cocco con frutti di bosco e cioccolato (pag. 108)
Cena:	1 porzione di focaccine rustiche (pag. 118) + 1 porzione di champignon ai semi di girasole (pag. 98) + 12 g olio extravergine d'oliva
Macro:	Kcal 1.806, Carboidrati 19 g; Proteine 99 g; Grassi 144 g.

MERCOLEDÌ

Colazione:	1 porzione di muffin al cocco con frutti di bosco e cioccolato (pag. 108) + 50 ml latte di soia senza zucchero *oppure* 1 uovo medio + 15 g olive nere + 30 g rucola + 5 g olio extravergine d'oliva
Spuntino:	100 g fiocchi di latte + 10 g burro d'arachidi
Pranzo:	1 porzione di focaccine rustiche (pag. 118) + 100 g fiocchi di latte + 40 g songino + 40 g salmone affumicato + 20 g cipolla rossa di Tropea + 5 g pinoli + 12 g olio extravergine d'oliva
Spuntino:	1 porzione di muffin al cocco con frutti di bosco e cioccolato (pag. 108)
Cena:	1 porzione di parmigiana di melanzane (pag. 56) + 100 g fesa di tacchino + 10 g olio extravergine d'oliva
Kcal/Macro:	Kcal 1.805, Carboidrati 19 g; Proteine 109 g; Grassi 141 g.

GIOVEDÌ

Colazione:	1 porzione di muffin al cocco con frutti di bosco e cioccolato (pag. 108) + 50 ml latte di soia senza zucchero + 10 g burro di pistacchi 100 % *oppure* 1 uovo medio + 15 g olive nere + 30 g rucola + 12 g olio extravergine d'oliva
Spuntino:	10 g cioccolato fondente 90%
Pranzo:	1 porzione di spaghetti di zucchine all'orientale (pag. 59)
Spuntino:	1 porzione di muffin al cocco con frutti di bosco e cioccolato (pag. 108)
Cena:	2 porzioni di frittelle di cavolfiore al pecorino + 50 g yogurt greco 5% + 5 g maionese + 60 g songino + 5 g olio extravergine d'oliva + 150 g tonno sott'olio sgocciolato
Macro:	Kcal 1.808, Carboidrati 25 g; Proteine 101 g; Grassi 140 g.

VENERDÌ

Colazione:	come giovedì
Spuntino:	100 g lamponi + 1 porzione di muffin al cocco con frutti di bosco e cioccolato (pag. 108)
Pranzo:	1 porzione di focaccine rustiche (pag. 118) + 150 g carciofi surgelati + 2 uova medie + 100 g albume + 5 g olio extravergine d'oliva
Spuntino:	50 g lupini salati
Cena:	1 porzione di parmigiana di melanzane (pag. 56) + 20 g mozzarella grattugiata + 15 olio extravergine d'oliva
Macro:	Kcal 1.812, Carboidrati 26 g; Proteine 93 g; Grassi 142 g.

SABATO

Colazione:	2 porzioni di muffin al cocco con frutti di bosco e cioccolato (pag. 108) *oppure* 1 uovo + 50 g avocado + 10 g noci + 10 g parmigiano + 3 g olio extravergine d'oliva
Spuntino	50 g yogurt greco 5%
Pranzo:	1 porzione di spaghetti di zucchine all'orientale (pag. 59) + 15 g olio extravergine d'oliva
Spuntino	8 g noci
Cena:	2 porzioni di frittelle di cavolfiore al pecorino (pag. 68) + 200 g spinaci surgelati + 80 g bresaola + 5 g olio extravergine d'oliva + una spruzzata di limone
Macro:	Kcal 1.795, Carboidrati 26 g; Proteine 98 g; Grassi 139 g.

DOMENICA

Colazione:	2 porzioni di muffin al cocco con frutti di bosco e cioccolato (pag. 108) + 10 g burro di pistacchio 100% *oppure* 1 uovo + 50 g avocado + 10 g noci + 10 g parmigiano + 10 g olio extravergine d'oliva
Spuntino	15 g noci
Pranzo:	1 porzione di parmigiana di zucchine ai formaggi (pag. 57) + 20 g olio extravergine d'oliva
Spuntino	200 g dessert proteico
Cena:	1 porzione di focaccine rustiche (pag. 118) + 200 g carciofi + 10 g olio extravergine + 250 g albume
Macro:	Kcal 1.803, Carboidrati 29 g; Proteine 106 g; Grassi 137 g.

SETTIMANA 4
LISTA DELLA SPESA

AGLIO IN POLVERE
ALBUME (150 G)
AROMA DI VANIGLIA
ASPARAGI BIANCHI IN BARATTOLO (200 G)
AVOCADO (50 G)
BAFFA DI COSTINE DI MAIALE (400 G)
BURRO (90 G)
BURRO D'ARACHIDI (30 G)
CAVOLINI DI BRUXELLES (200 G)
CIOCCOLATO FONDENTE 85% (15 G)
CIPOLLA ESSICCATA
CIPOLLA ROSSA DI TROPEA (70 G)
DOLCIFICANTE A PIACERE
ERBA CIPOLLINA TRITATA
ERITRITOLO (80 G)
FARINA DI MANDORLE (230 G)
INSALATA VALERIANA
INSAPORITORE PER CARNE
LAMPONI (50 G)
LATTE DI SOIA SENZA ZUCCHERO (280 ML)
LATTUGHINO (100 G)
LIEVITO PER DOLCI (8 G)
LIMONI (4)
MAGGIORANA IN POLVERE
MAIONESE (50 G)
MERLUZZO SURGELATO (300 G)
MIRTILLI (180 G)
NOCCIOLE (40 G)
NOCI (60 G)
OLIO EXTRAVERGINE D'OLIVA (235 G)
OLIVE NERE (20 G)
OLIVE VERDI (20 G)
ORIGANO
PAPRIKA DOLCE
PARMIGIANO GRATTUGIATO (50 G)
PEPE IN GRANI
PEPERONI GIALLI (50 G)
PEPERONI ROSSI (50 G)
PEPERONI VERDI (50 G)
PETTO DI POLLO (150 G)

POMODORI (50 G)
PREZZEMOLO TRITATO
RICOTTA (150 G)
ROSMARINO SECCO
SALSA DI SOIA
SCAMORZA (50 G)
SEMI DI SESAMO (60 G)
SPEZIE PER SALSA TZATZIKI
TE VERDE
TISANE
TRANCIO DI TONNO ROSSO FRESCO (600 G)
TROTA SALMONATA (400 G)
UOVA MEDIE (4)
VINO BIANCO (100 ML)
YOGURT GRECO 5% (480 G)
ZUCCA COTTA AL VAPORE O AL FORNO (300 G)
ZUCCA CRUDA (300 G)

HAI SCELTO DI FARE LA COLAZIONE SALATA?

SCARICA LA LISTA DELLA SPESA!

SETTIMANA 4 UOMO

LUNEDÌ

Colazione:	1 porzione di plumcake ai mirtilli (pag. 110) + 50 ml latte di soia senza zucchero + 20 g burro d'arachidi *oppure* 50 g salmone affumicato + 100 g pomodori + 20 g formaggio spalmabile + 30 g olive verdi + 5 g olio extravergine d'oliva + 20 g arachidi senza sale
Spuntino:	10 g noci
Pranzo:	1 porzione di parmigiana di zucchine (pag. 57) + 10 g noci
Spuntino:	50 g lamponi + 50 g mirtilli + 200 g yogurt greco 5%
Cena:	1 porzione di tonno in crosta di sesamo (pag. 82) + 1 porzione di cavolini di Bruxelles fritti (pag. 96) + 10 g maionese
Macro:	Kcal 1.827, Carboidrati 28 g; Proteine 106 g; Grassi 140 g.

MARTEDÌ

Colazione:	2 porzioni di muffin al cocco con frutti di bosco e cioccolato (pag. 108) + 50 ml latte di soia senza zucchero *oppure* 1 uovo + 50 g avocado + 10 g noci + 10 g parmigiano + 5 g olio extravergine d'oliva
Spuntino:	1 tazza di tè verde
Pranzo:	1 porzione di tonno in crosta di sesamo (pag. 82) + 100 g lattughino + 50 g pomodori + 50 g cipolla rossa di Tropea + 20 g olive nere + 20 g olive verdi + 5 g olio extravergine d'oliva
Spuntino:	1 porzione di plumcake ai mirtilli (pag. 110)
Cena:	1 porzione di parmigiana di zucchine (pag. 57) + 150 g merluzzo surgelato + 20 g olio extravergine d'oliva
Macro:	Kcal 1.786, Carboidrati 19 g; Proteine 103 g; Grassi 142 g.

MERCOLEDÌ

Colazione:	2 porzioni di muffin al cocco con frutti di bosco e cioccolato (pag. 108) *oppure* 1 uovo + 50 g avocado + 10 g noci + 10 g parmigiano + 5 g olio extravergine d'oliva
Spuntino:	mousse con 50 g yogurt greco 5% + 1 tuorlo d'uovo + 10 g cioccolato fondente 85% + dolcificante
Pranzo:	1 porzione di parmigiana di zucchine (pag. 57) + 150 g merluzzo + 20 g olio extravergine d'oliva
Spuntino:	1 tazza di tisana
Cena:	1 porzione di tonno in crosta di sesamo (pag. 82)+ 1 porzione di cavolini di Bruxelles fritti (pag. 96)
Kcal/Macro:	Kcal 1.831, Carboidrati 18 g; Proteine 109 g; Grassi 143 g.

GIOVEDÌ

Colazione:	2 porzioni di plumcake ai mirtilli (pag. 110) + 50 ml latte di soia senza zucchero *oppure* 70 g salmone affumicato + 40 g formaggio spalmabile + 50 g olive verdi + 100 g pomodori + 10 g olio extravergine d'oliva + 8 g noci
Spuntino:	20 g noci
Pranzo:	1 porzione di parmigiana di zucchine (pag. 57) + 50 g avocado
Spuntino:	10 g nocciole
Cena:	1 porzione di tonno in crosta di sesamo (pag. 82) + 200 g asparagi bianchi in barattolo + 15 g olio extravergine d'oliva
Macro:	Kcal 1.803, Carboidrati 18 g; Proteine 102 g; Grassi 143 g.

VENERDÌ

Colazione:	2 porzioni di plumcake ai mirtilli (pag. 110) + 50 ml latte di soia senza zucchero *oppure* 70 g salmone affumicato + 40 g formaggio spalmabile + 50 g olive verdi + 100 g pomodori + 10 g olio extravergine d'oliva + 8 g noci
Spuntino:	10 g noci
Pranzo:	1 porzione di parmigiana di zucchine (pag. 57) + 2 porzioni di chips di zucca (pag. 98)
Spuntino:	10 g noci
Cena:	1 porzione di filetto di trota salmonata con peperoni e nocciole tostate (pag. 94) + 100 g filetto di trota salmonata + 15 g maionese
Macro:	Kcal 1.776, Carboidrati 24 g; Proteine 94 g; Grassi 143 g.

SABATO

Colazione:	2 porzioni di plumcake ai mirtilli (pag. 110) *oppure* 70 g salmone affumicato + 40 g formaggio spalmabile + 50 g olive verdi + 100 g pomodori + 10 g olio extravergine d'oliva + 14 g noci
Spuntino:	1 tazza di tè verde
Pranzo:	1 porzione di filetto di trota salmonata con peperoni e nocciole tostate (pag. 94) + 15 g maionese + 100 g filetto di trota
Spuntino:	1 tazza di tisana
Cena:	1 porzione di costine zero sbatti BBQ (pag. 68) + 2 porzioni di chips di zucca (pag. 98) + 5 g olio extravergine d'oliva
Macro:	Kcal 1.831, Carboidrati 28 g; Proteine 90 g; Grassi 149 g.

DOMENICA

Colazione:	come venerdì
Spuntino:	1 tazza di tisana
Pranzo:	4 porzioni di polpette di zucca ripiene di scamorza (pag. 46) + 100 g yogurt greco 5% + 10 g maionese + spezie per salsa tzatziki + una spruzzata di limone + 50 g insalata valeriana + 150 g petto di pollo + 10 g olio extravergine d'oliva
Spuntino:	10 g noci
Cena:	1 porzione di costine zero sbatti BBQ (pag. 68) + 50 g insalata valeriana + 10 g olio extravergine d'oliva
Macro:	Kcal 1.817, Carboidrati 27 g; Proteine 103 g; Grassi 141 g.

Colazioni

- BISCOTTINI AL CACAO
- MAXI CIOCCOBISCOTTO
- ROTOLO ALLA CANNELLA
- MUGCAKE CON CUORE DI BURRO D'ARACHIDI
- MUFFIN VEG CON MIRTILLI, COCCO E GRANELLA DI NOCCIOLE
- MUFFIN CON GOCCE DI CIOCCOLATO
- MUFFIN SALATI CON SALSA AL FORMAGGIO
- PANCAKE CON MIRTILLI E MOUSSE AL CACAO
- PORRIDGE AL COCCO CON MIRTILLI E NOCCIOLE
- TORTA ZERO SBATTI DA INZUPPO

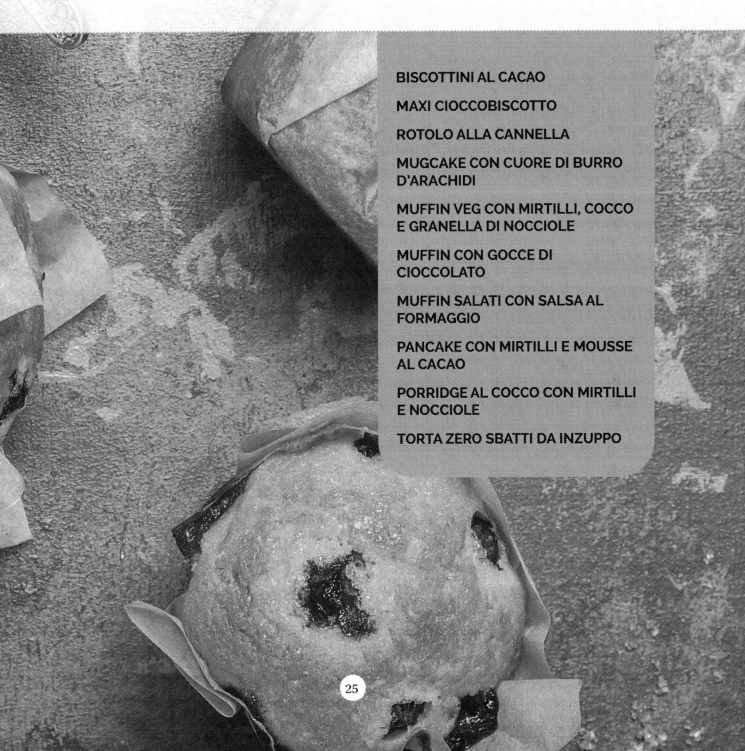

MAXI CIOCCOBISCOTTO

Porzioni:	Tempo di preparazione:	Tempo di cottura:
2	7 minuti + 10 minuti riposo	10 minuti

Kcal per porzione: 512; Carboidrati 5,4 g; Proteine 13,9 g; Grassi 47,9 g.

INGREDIENTI

- 80 g mandorle
- 40 g burro fuso
- 1 uovo medio
- 30 g cioccolato fondente 85%
- 20 g eritritolo
- 2 g lievito per dolci

PROCEDIMENTO

Preriscaldare la friggitrice ad aria a 160°. Tritare il cioccolato. Unire tutti gli ingredienti e mescolare fino ad ottenere un composto omogeneo. Far riposare l'impasto in frigo per 10 minuti. Formare 2 palline e schiacciarle per ottenere 2 biscottoni. Cuocere per 10 minuti; far raffreddare e servire. Conservare per 3-4 giorni in frigo in sacchettino di plastica chiuso.

BISCOTTINI AL CACAO

Porzioni:	Tempo di preparazione:	Tempo di cottura:
14	10 minuti	6 minuti

Kcal per porzione: 134; Carboidrati 0,9 g; Proteine 3,2 g; Grassi 13,2 g.

INGREDIENTI

- 100 g farina di mandorle
- 100 g cocco grattugiato
- 20 g cacao amaro
- 2 uova medie
- 70 g eritritolo
- 60 g burro chiarificato

PROCEDIMENTO

Sbattere le uova e l'eritritolo con le fruste elettriche. Ammorbidire il burro per 30 secondi in microonde. Preriscaldare la friggitrice ad aria a 160°. Unire tutti gli ingredienti e mescolare con una spatola. Formare 14 biscotti. Cuocere per circa 6 minuti prestando attenzione che non si colorino troppo. Lasciar raffreddare e servire. Conservare in un contenitore di plastica o di latta, chiuso per 5-6 giorni.

COLAZIONI

ROTOLO ALLA CANNELLA

Porzioni: 4	Tempo di preparazione: 10 minuti + 30 minuti riposo	Tempo di cottura: 15 minuti
Kcal per porzione: 217; Carboidrati 1,2 g; Proteine 6,9 g; Grassi 20,8 g.		

INGREDIENTI

100 g farina di mandorle
20 g burro chiarificato
2 tuorli freschi
120 g eritritolo

7 g gomma di xantano
8 g lievito per dolci
Essenza di vaniglia
Cannella a piacere

PROCEDIMENTO

Sciogliere il burro 20 secondi in microonde. Unire la farina di mandorle, lo xantano, 70 g di eritritolo, l'essenza di vaniglia, il lievito e mescolare. Aggiungere il burro fuso e impastare. Aggiungere i tuorli e impastare ancora fino ad ottenere un composto omogeneo. Coprire con pellicola l'impasto e farlo riposare 30 minuti in frigo. Preriscaldare la friggitrice ad aria a 160°. Dividere l'impasto in 3 parti uguali e, con l'aiuto di un mattarello, ricavare delle strisce larghe 3 cm circa e lunghe 10-15 cm. Spolverare su ognuna di esse la cannella e l'eritritolo. Arrotolarli su se stessi e disporli in stampi per muffin. Distribuire ancora eritritolo sulla superficie. Cuocere per circa 15 minuti. Servire.

MUGCAKE CON CUORE DI BURRO D'ARACHIDI

Porzioni:	Tempo di preparazione:	Tempo di cottura:
2	5 minuti	15 minuti

Kcal per porzione: 403; Carboidrati 2,6 g; Proteine 16,7 g; Grassi 35,4 g.

INGREDIENTI

- 30 g farina di mandorle
- 20 g cacao amaro
- 2 uova medie
- 30 g burro fuso
- 30 g eritritolo a velo
- 5 g lievito per dolci
- 30 g burro d'arachidi
- Poco latte di mandorla se necessario

PROCEDIMENTO

Preriscaldare la friggitrice ad aria a 160°. Unire tutti gli ingredienti, distribuendoli equamente in due tazze, ad eccezione del burro d'arachidi. Mescolare fino ad ottenere un composto omogeneo. Se risulta troppo asciutto, aggiungere 1 cucchiaio di latte di mandorla. Far colare al centro il burro d'arachidi e cuocere in friggitrice ad aria per circa 15 minuti. Fare la prova dello stecchino prima di sfornare. Servire.

MUFFIN VEG CON MIRTILLI, COCCO E GRANELLA DI NOCCIOLE

Porzioni:	Tempo di preparazione:	Tempo di cottura:
4	5 minuti	15 minuti

Kcal per porzione: 444; Carboidrati 4,1 g; Proteine 4,9 g; Grassi 44,1 g.

INGREDIENTI

- 60 g farina di cocco
- 40 g semi di chia
- 100 g olio di cocco
- 150 ml latte di cocco senza zucchero
- 100 g eritritolo
- 100 g mirtilli
- 40 g granella di nocciole
- Un pizzico di sale
- 20 g lievito per dolci
- Essenza di vaniglia

PROCEDIMENTO

Preriscaldare la friggitrice ad aria a 160°. Frullare i semi di chia fino a renderli farina. Unire tutti gli ingredienti secchi. Aggiungere l'olio di cocco continuando a mescolare ed infine il latte. Mescolare fino ad ottenere una consistenza omogenea. Aggiungere i mirtilli e mescolare. Distribuire negli stampi in silicone per muffin. Distribuire la granella di nocciole e cuocere per circa 15 minuti. Fare la prova dello stecchino prima di sfornare. Conservare in un contenitore chiuso per 3-4 giorni.

COLAZIONI

MUFFIN CON GOCCE DI CIOCCOLATO

Porzioni:	Tempo di preparazione:	Tempo di cottura:
4	8 minuti	15 minuti

Kcal per porzione: 284; Carboidrati 5,5 g; Proteine 10,6 g; Grassi 24,1 g.

INGREDIENTI

- 100 g farina di mandorle
- 40 g eritritolo
- 1 uovo medio
- 80 g ricotta
- 7 g lievito per dolci
- Un pizzico di sale
- 40 g gocce di cioccolato fondente 70%
- 20 g granella di nocciole

PROCEDIMENTO

Preriscaldare la friggitrice ad aria a 160°. Dividere l'albume dal tuorlo. Montare a neve ben ferma l'albume con il pizzico di sale. Montare a parte il tuorlo e l'eritritolo. Aggiungere la ricotta e frullare ancora. Aggiungere la farina di mandorle, il lievito e frullare ancora. Aggiungere delicatamente l'albume, mescolando dal basso verso l'alto. Aggiungere anche le gocce di cioccolato e mescolare. Mettere il composto nei pirottini e distribuire la granella di nocciole. Cuocere in friggitrice ad aria per circa 15 minuti. Servire. Conservare in un contenitore chiuso per 3-4 giorni.

MUFFIN SALATI CON SALSA AL FORMAGGIO

Porzioni: 2	Tempo di preparazione: 20 minuti	Tempo di cottura: 20 minuti
Kcal per porzione: 422; Carboidrati 1,8 g; Proteine 28,7 g; Grassi 33,2 g.		

INGREDIENTI PER I MUFFIN

150 g albumi
30 g parmigiano grattugiato
50 g pancetta affumicata a cubetti
40 g fontina
Sale e pepe q.b.
Spezie a piacere

INGREDIENTI PER LA SALSA AL FORMAGGIO

50 g panna fresca
20 g emmental
20 g fontina
25 g parmigiano grattugiato
1 tuorlo
Un pizzico di sale

PROCEDIMENTO

Per preparare la salsa al formaggio, grattugiare la fontina e l'emmental. Scaldare la panna in un pentolino e appena raggiunge il bollore, aggiungere tutti i formaggi e mescolare velocemente con una frusta a mano. Unire il tuorlo, il sale e continuare a mescolare. Rimettere il pentolino sul fuoco lento ancora per pochi minuti, continuando a mescolare. Spegnere il fuoco e coprire con carta stagnola. Per preparare i muffin, preriscaldare la friggitrice ad aria a 160°. Montare gli albumi a neve con un pizzico di sale. Tagliare a cubetti l'asiago. Unire il parmigiano grattugiato agli albumi, delicatamente, dal basso verso l'alto. Aggiungere anche gli altri ingredienti a mano a mano. Distribuire l'impasto in stampini in silicone. Cuocere per circa 15 minuti fino a che non risultano leggermente dorati in superficie. Far intiepidire e servire con salsa al formaggio. Conservare i muffin in frigo per 4-5 giorni oppure congelare. Conservare la salsa al formaggio in un contenitore chiuso per 3-4 giorni.

PANCAKE CON MIRTILLI E MOUSSE AL CACAO

Porzioni: 2	Tempo di preparazione: 10 minuti	Tempo di cottura: 8 minuti
Kcal per porzione: 450; Carboidrati 5,9 g; Proteine 11,9 g; Grassi 40,7 g.		

INGREDIENTI

- 100 g formaggio spalmabile
- 2 uova medie
- Un pizzico di sale
- 30 g eritritolo
- Cannella a piacere
- 80 g mascarpone
- 2 cucchiai di latte di mandorla
- 6 g cacao amaro
- 10 g scaglie di cioccolato fondente 90%
- 10 g scaglie di mandorle
- 100 g mirtilli

PROCEDIMENTO

Preriscaldare la friggitrice ad aria a 160°. Sbattere le uova con una forchetta. Aggiungere 20 g di eritritolo, il sale e sbattere ancora qualche minuto. Aggiungere il formaggio spalmabile, la cannella e sbattere ancora fino ad ottenere un composto omogeneo. Mettere a cuocere in un recipiente piccolo e rotondo per un paio di minuti. Girare dall'altro lato e cuocere per altri 2 minuti; cuocere un altro pancake con la stessa modalità. Nel frattempo, in una ciotolina unire il mascarpone, il latte di mandorla, il cacao amaro, l'eritritolo e mescolare. Servire il pancake con la mousse al cacao, scaglie di cioccolato fondente, scaglie di mandorle e mirtilli.

PORRIDGE AL COCCO CON MIRTILLI E NOCCIOLE

Porzioni:	Tempo di preparazione:	Tempo di cottura:
2	10 minuti	5 minuti

Kcal per porzione: 379; Carboidrati 7 g; Proteine 6,5 g; Grassi 35,3 g.

INGREDIENTI

- 250 ml latte di mandorla senza zucchero
- 20 g farina di cocco
- 20 g burro chiarificato
- 10 g semi di chia
- 10 g semi di lino tritati *(oppure farina di semi di lino)*
- 10 g nocciole tritate
- 10 g eritritolo
- Cannella a piacere
- 5 g cocco grattugiato
- 100 g mirtilli freschi
- 10 g cioccolato fondente 90%
- 20 g nocciole

PROCEDIMENTO

Unire in un contenitore in silicone o in alluminio il latte di mandorla, farina di cocco, burro chiarificato, semi di chia, semi di lino, nocciole tritate, eritritolo e cannella. Mescolare e lasciar riposare per 10 minuti. Preriscaldare la friggitrice ad aria a 190° e far cuocere direttamente nella ciotola per 5 minuti. Distribuire in due tazze e decorare con mirtilli freschi, nocciole, cocco grattugiato e scaglie di cioccolato fondente. Servire.

COLAZIONI

TORTA ZERO SBATTI DA INZUPPO

Porzioni:	Tempo di preparazione:	Tempo di cottura:
6	10 minuti	20-25 minuti

Kcal per porzione: 312; Carboidrati 1,9 g; Proteine 15 g; Grassi 27,2 g.

INGREDIENTI

250 g farina di mandorle
180 g eritritolo a velo *(ottenibile frullando l'eritritolo)*
30 ml latte di mandorla senza zucchero
5 uova medie
Essenza di vaniglia

Un pizzico di sale
Scorza grattugiata di un'arancia *(facoltativo)*
10 g fibra di bambù *(facoltativo)*

PROCEDIMENTO

Con la frusta elettrica montare a neve ben ferma gli albumi con un pizzico di sale. Montare anche i tuorli con l'eritritolo. Preriscaldare la friggitrice ad aria a 160°. Aggiungere il latte e l'essenza di vaniglia ai tuorli; successivamente, aggiungere gli ingredienti secchi, la buccia d'arancia grattugiata e mescolare. Aggiungere delicatamente anche gli albumi, mescolando dal basso verso l'alto. Versare l'impasto in uno stampo in silicone oppure imburrare ed infarinare con fibra di bambù e cuocere per circa 20-25 minuti. Fare la prova dello stecchino prima di sfornare. Conservare in un porta torte e consumare entro 3-4 giorni, oppure congelare in monoporzioni.

Antipasti e Snack

- **CANNOLINI CON MOUSSE DI SALMONE E PISTACCHIO**
- **CRACKERS AI SEMI**
- **CRACKERS VEG**
- **CROCCHETTE DI AVOCADO E PANCETTA**
- **HUMMUS DI LUPINI**
- **INVOLTINI DI ZUCCHINE AL PESTO DI TONNO**
- **UOVA CON SALSA TONNATA**
- **GAMBERONI IN CROSTA DI PANCETTA CON SALSA ROSA**
- **MINI QUICHE CON PORRI E PANCETTA**
- **ASPARAGI IN CIALDA CROCCANTE**
- **POLPETTE DI ZUCCA RIPIENE DI SCAMORZA**

CANNOLINI CON MOUSSE DI SALMONE E PISTACCHIO

Porzioni: 2	Tempo di preparazione: 15 minuti	Tempo di cottura: 2 minuti
Kcal per porzione: 300; Carboidrati 2 g; Proteine 18,8 g; Grassi 23,8 g.		

INGREDIENTI

- 30 g mozzarella grattugiata
- 100 g formaggio caprino
- 5 g olio extravergine d'oliva
- 50 g salmone affumicato
- 8 g granella di pistacchi
- 12 g burro di pistacchio 100%
- Erba cipollina tritata
- Sale e pepe q.b.

PROCEDIMENTO

Preriscaldare la friggitrice ad aria a 160°. Formare un tubetto con la carta da forno che fungerà da stampo, per i cannolini oppure utilizzare uno stampo per cannoli piccoli. Tagliare un pezzo di carta da forno. Posizionarci sopra due rettangoli di mozzarella grattugiata e depositare il tutto nel cestello della friggitrice ad aria. Farla sciogliere fino a renderla un po' bruna; ci vorranno circa 2 minuti. Frullare con il frullatore ad immersione il caprino, il salmone, l'erba cipollina, l'olio d'oliva e un pizzico di sale e pepe. Farcire i cannolini con il burro di pistacchio e con l'aiuto di una sac a poche o con un cucchiaio, distribuire la mosse al salmone. Decorare con granella di pistacchi. Servire.

CRACKERS AI SEMI

Porzioni: 8	Tempo di preparazione: 10 minuti	Tempo di cottura: 12 minuti
Kcal per porzione: 157; Carboidrati 1,7 g; Proteine 7,2 g; Grassi 12,4 g.		

INGREDIENTI

- 50 g farina di semi di lino dorati
- 50 g semi di chia
- 40 g semi di zucca
- 30 g semi di girasole
- 30 g semi di sesamo
- 40 g parmigiano grattugiato
- Rosmarino secco
- Acqua q. b.

PROCEDIMENTO

In una ciotola unire tutti gli ingredienti. Aggiungere acqua fino a livello e lasciar riposare per 30 minuti. Preriscaldare la friggitrice ad aria a 160°. Stendere il composto su un foglio di carta da forno e schiacciare fino a formare un rettangolo di spessore omogeneo. Cuocere in friggitrice ad aria per circa 8 minuti. Tirare fuori, dividere in rettangoli, girare dall'altro lato e cuocere ancora per 5 minuti, prestando attenzione a non farli bruciare. Servire con hummus di lupini. Far raffreddare e conservare per un paio di giorni in un sacchetto di carta oppure in una scatola.

ANTIPASTI E SNACK

ANTIPASTI E SNACK

CRACKERS VEG

Porzioni: 8	Tempo di preparazione: 10 minuti	Tempo di cottura: 12 minuti

Kcal per porzione: 162; Carboidrati 3,4 g; Proteine 7,2 g; Grassi 12,3 g.

INGREDIENTI

- 50 g semi misti
- 80 g semi di chia
- 30 g semi di lino
- 30 g semi di sesamo
- 50 g semi di zucca
- 70 g semi di girasole
- 130 ml acqua
- Rosmarino tritato

PROCEDIMENTO

In una ciotola mettere i semi di chia e l'acqua. Lasciare riposare per 15 minuti. Preriscaldare la friggitrice ad aria a 160°. Aggiungere gli altri ingredienti. Stendere il composto su un foglio di carta da forno e schiacciare fino a formare un rettangolo di spessore omogeneo. Cuocere in friggitrice ad aria per circa 8 minuti. Tirare fuori, dividere in rettangoli, girare dall'altro lato e cuocere ancora per 5 minuti, prestando attenzione costantemente alla cottura. Servire con hummus di lupini. Far raffreddare e conservare per un paio di giorni in un sacchetto di carta oppure in una scatola.

CROCCHETTE DI AVOCADO E PANCETTA

Porzioni: 6	Tempo di preparazione: 10 minuti	Tempo di cottura: 12 minuti

Kcal per porzione: 207; Carboidrati 0,7 g; Proteine 7,8 g; Grassi 19 g.

INGREDIENTI

- 200 g avocado
- 1 uovo medio
- 150 g pancetta a fette
- 10 g olio extravergine d'oliva
- 10 g semi di sesamo
- ½ cucchiaino di rosmarino secco
- 1 cucchiaino di paprika dolce
- Sale e pepe q.b.

PROCEDIMENTO

Tagliare a fette spesse l'avocado. Preriscaldare la friggitrice ad aria a 180°. In un piatto sbattere l'uovo con le spezie. Passare le fettine di avocado nell'uovo. Avvolgerle nelle fettine di pancetta. Spennellare le crocchette con l'olio e cospargere di semi di sesamo. Pressare un po' con le mani e cuocere per 6 minuti da un lato e 6 minuti dall'altro. Servire accompagnate da una salsa.

HUMMUS DI LUPINI

Porzioni: 4	Tempo di preparazione: 10 minuti	Tempo di cottura: 13 minuti
Kcal per porzione: 148; Carboidrati 2 g; Proteine 4,9 g; Grassi 11,6 g.		

INGREDIENTI

- 150 g lupini al naturale senza buccia
- 30 g succo di limone
- 50 g olio extravergine d'oliva
- 50 g acqua
- ½ cucchiaio di paprika dolce
- ½ cucchiaino di rosmarino
- ½ cucchiaino di curcuma
- un pizzico di aglio in polvere

PROCEDIMENTO

Sciacquare i lupini, sgusciarli e metterli direttamente in un bicchiere alto. Aggiungere le spezie e frullare con un frullatore ad immersione. Aggiunge l'olio a filo, il succo di limone e l'acqua continuando a frullare fino ad ottenere una consistenza omogenea. Servire.

UOVA CON SALSA TONNATA

Porzioni: 2	Tempo di preparazione: 5 minuti	Tempo di cottura: 12 minuti
Kcal per porzione: 298; Carboidrati 0 g; Proteine 16 g; Grassi 26,1 g.		

INGREDIENTI

4 uova medie
30 g maionese
30 g tonno d'olio
10 g olio di semi di girasole

5 capperi
Un pizzico di sale e pepe
Erba cipollina per decorare

PROCEDIMENTO

Preriscaldare la friggitrice ad aria a 150°. Posizionare le uova nel cestello della friggitrice ad aria. Cuocere per 12 minuti. Nel frattempo, mettere tutti gli altri ingredienti in un recipiente e frullare col frullatore ad immersione fino ad ottenere una salsa omogenea. Tirare fuori le uova dal cestello, sciacquarle sotto l'acqua fredda e sbucciarle. Tagliarle a metà e servire con la salsa tonnata ed una spolverata di erba cipollina. Servire.

GAMBERONI IN CROSTA DI PANCETTA CON SALSA ROSA

Porzioni: 4	Tempo di preparazione: 5 minuti	Tempo di cottura: 5 minuti
Kcal per porzione: 205; Carboidrati 4,4 g; Proteine 19,6 g; Grassi 12,1 g.		

INGREDIENTI

500 g gamberoni grandi sgusciati
150 g fette di pancetta
Un pizzico di sale e pepe

PER LA SALSA ROSA

50 g maionese
10 g ketchup
½ cucchiaino di Brandy
½ cucchiaino di salsa Worcestershire *(facoltativo)*

PROCEDIMENTO

Preriscaldare la friggitrice ad aria a 190°. Arrotolare una fettina di pancetta su ogni gambero e distribuirvi sale e pepe. Cuocere per circa 4-5 minuti. Nel frattempo, unire tutti gli ingredienti per la salsa rosa e mescolare. Servire i gamberoni in crosta di pancetta con salsa rosa.

ANTIPASTI E SNACK

INVOLTINI DI ZUCCHINE AL PESTO DI TONNO

Porzioni: 2	Tempo di preparazione: 10 minuti	Tempo di cottura: 13 minuti
Kcal per porzione: 290; Carboidrati 3,4 g; Proteine 21,1 g; Grassi 20,7 g.		

INGREDIENTI

250 g zucchine
80 g tonno sott'olio sgocciolato
1 uovo medio
4 g alici sott'olio
20 g farina di mandorle

20 g pomodori secchi sott'olio
10 g olio extravergine d'oliva
20 g parmigiano grattugiato
1 spicchio piccolo d'aglio
Sale e pepe q.b.

PROCEDIMENTO

Preriscaldare la friggitrice ad aria a 190°. Tagliare a fettine le zucchine. Grigliarle leggermente da entrambi i lati. Spennellarle con l'olio, sale e pepe, da entrambi i lati. Unire tutti gli altri ingredienti in un bicchiere, ad eccezione dell'uovo e frullare col frullatore ad immersione fino ad ottenere un composto omogeneo. Aggiungere l'uovo e mescolare. Formare delle palline ed avvolgerle con la fettina di zucchine. Posizionare gli involtini in una pirofila e cuocere per circa 7-10 minuti. Servire caldi o tiepidi.

MINI QUICHE CON PORRI E PANCETTA

Porzioni:	Tempo di preparazione:	Tempo di cottura:
6	10 minuti	15 minuti

Kcal per porzione: 260; Carboidrati 1,1 g; Proteine 18,6 g; Grassi 20 g.

INGREDIENTI

5 uova medie
60 g pancetta affumicata a cubetti
150 ml latte di soia
220 g provolone dolce

100 g porro
30 g parmigiano grattugiato
Un pizzico di pepe e di sale
Prezzemolo tritato

PROCEDIMENTO

Preriscaldare la friggitrice ad aria a 170°C. Lavare bene il porro e tagliarlo a fettine sottili. Grattugiare grossolanamente il provolone. Sbattere le uova in una ciotola. Aggiungere il prezzemolo tritato, il porro a fettine, il provolone grattugiato, latte, sale e pepe. Mescolare tutti gli ingredienti fino ad ottenere un composto omogeneo. Versare il composto in stampi in silicone dividendolo in 6 parti uguali. Distribuire il parmigiano grattugiato sulla superficie e cuocere per 15 minuti, posizionando per i primi 5 minuti un foglio di alluminio sopra i muffin. Servire caldi. Conservare in frigo all'interno di un contenitore di plastica chiuso per massimo 3 giorni.

ASPARAGI IN CIALDA CROCCANTE

Porzioni:	Tempo di preparazione:	Tempo di cottura:
2	5 minuti	8 minuti

Kcal per porzione: 289; Carboidrati 4,2 g; Proteine 12,4 g; Grassi 23,7 g.

INGREDIENTI

150 g punte di asparagi
100 g pancetta affumicata a fette
10 g olio extravergine d'oliva
10 g semi di sesamo

Paprika dolce
Aglio in polvere
Erba cipollina tritata
Sale e pepe q. b.

PROCEDIMENTO

Preriscaldare la friggitrice ad aria a 190°. Mescolare in una ciotolina l'olio e le spezie. Dividere gli asparagi in mazzetti e avvolgerli nelle fettine di pancetta. Spennellarli con l'olio e distribuire i semi di sesamo. Pressare un po' con le mani e cuocere nel cestello della friggitrice ad aria per 8 minuti, cambiando lato a metà cottura. Servire con una spolverata di erba cipollina.

POLPETTE DI ZUCCA RIPIENE DI SCAMORZA

Porzioni: 12	Tempo di preparazione: 10 minuti	Tempo di cottura: 12 minuti
Kcal per porzione: 69; Carboidrati 2 g; Proteine 3,6 g; Grassi 5,2 g.		

INGREDIENTI

- 350 g polpa di zucca cotta *(al vapore o al forno)*
- 150 g ricotta
- 50 g scamorza
- 30 g parmigiano grattugiato
- 30 g farina di mandorle
- 10 g olio extravergine d'oliva
- Cipolla essiccata
- Un pizzico di origano
- Sale e pepe q.b.

PROCEDIMENTO

Schiacciare la zucca con una forchetta. Aggiungere la ricotta, il parmigiano e 20 g di farina di mandorle. Mescolare fino ad ottenere un composto omogeneo. Far riposare l'impasto per 10 minuti. Nel frattempo, preriscaldare la friggitrice ad aria a 200° e tagliare a cubetti il provolone. Formare 12 polpette da 50 g circa l'una, inserire la scamorza e richiudere. Passare le polpettine nella farina di mandorle rimasta e spruzzare con l'olio d'oliva. Cuocere per 6 minuti. Girare dall'altro lato e cuocere per altri 6 minuti. Si conservano in frigo in un contenitore ermetico per circa 3 giorni.

Primi

- **CREPES AI FUNGHI, GORGONZOLA E NOCI**
- **NIDI DI SPAGHETTI DI ZUCCHINE ALLA CARBONARA SCOMPOSTA**
- **GNOCCHI ALLA SORRENTINA**
- **LASAGNETTE ALLA GRECA**
- **INVOLTINI DI VERZA CON CARNE E SCAMORZA**
- **PARMIGIANA DI MELANZANE**
- **PARMIGIANA DI ZUCCHINE AI FORMAGGI**
- **TIMBALLO DI RISO CHETO**
- **SPAGHETTI DI ZUCCHINE ALL'ORIENTALE**
- **TORTA SALATA CON ZUCCA, RICOTTA E SALMONE**
- **SPAGHETTI DI ZUCCHINE CON FUNGHI, PANCETTA E ZAFFERANO**
- **SPAGHETTI DI ZUCCHINE CON GAMBERI, STRACCHINO E PISTACCHIO**

CREPES AI FUNGHI, GORGONZOLA E NOCI

Porzioni: 2	Tempo di preparazione: 15 minuti	Tempo di cottura: 20 minuti
Kcal per porzione: 550; Carboidrati 3,7 g; Proteine 23,4 g; Grassi 50,3 g.		

INGREDIENTI

40 g farina di mandorle
150 ml acqua
1 uovo medio
300 ml latte di soia
20 g panna da cucina
80 g gorgonzola
30 g noci

20 g burro
10 g parmigiano grattugiato
100 g funghi misti sott'olio
1 g gomma di xantano
Noce moscata
Erba cipollina secca
Sale e pepe q. b.

PROCEDIMENTO

Unire l'uovo con la farina di mandorle, l'acqua, un pizzico di sale e mescolare. Far riposare l'impasto per circa 20 minuti. Nel frattempo, per preparare la besciamella, in un pentolino unire il latte, la panna, il parmigiano, 5 g burro, un pizzico di sale e noce moscata. Mescolare e scaldare il composto fino a sfiorare il bollore. Aggiungere la gomma di xantano un pizzico per volta e frullare con un frullatore ad immersione. Aggiungere ancora xantano solo se quello precedente è stato completamente assorbito. Scaldare una padella ampia e con una noce di burro, cuocere circa 6 crepes. Preriscaldare la friggitrice ad aria a 200°. Farcire le crepes con la besciamella, il gorgonzola a tocchetti e i funghi, tenendone da parte un po' per la superficie. Distribuire la besciamella rimasta e le noci grossolanamente tritate. Cuocere per circa 15 minuti. Servire con una spolverata di erba cipollina.

NIDI DI SPAGHETTI DI ZUCCHINE ALLA CARBONARA SCOMPOSTA

Porzioni:	Tempo di preparazione:	Tempo di cottura:
2	10 minuti	15 minuti

Kcal per porzione: 443; Carboidrati 2,3 g; Proteine 22,6 g; Grassi 36 g.

INGREDIENTI

- 300 g zucchine
- 2 uova medie
- 80 g pancetta affumicata a cubetti
- 40 g grana in scaglie
- 30 g olio extravergine d'oliva
- Sale e pepe q.b.

PROCEDIMENTO

Formare degli spaghetti di zucchine con lo spiralizzatore o con il pelapatate. Preriscaldare la friggitrice ad aria a 180°. Mettere in una ciotola gli spaghetti di zucchine, aggiungere 25 g di olio, la pancetta a cubetti, sale e pepe. Formare due nidi di spaghetti con un forchettone, arrotolando gli spaghetti su se stessi e posizionarli in una piccola teglia unta con l'olio d'oliva rimasto. Cuocere in friggitrice ad aria per 10 minuti circa. Tirare fuori il cestello della friggitrice ad aria. Mettere al certo di ogni nido, un uovo e le scaglie di grana. Cuocere ancora per 5 minuti o fino a quando l'albume non risulta completamento cotto ma il tuorlo ancora crudo. Servire con una spolverata di pepe.

GNOCCHI ALLA SORRENTINA

Porzioni:	Tempo di preparazione:	Tempo di cottura:
4	20 minuti + 10 minuti riposo	30 minuti

Kcal per porzione: 451; Carboidrati 5,7 g; Proteine 24,1 g; Grassi 36,1 g.

PRIMI

INGREDIENTI PER GLI GNOCCHI

200 g ricotta
30 g farina di semi di lino
40 g farina di mandorle
1 uovo medio
70 g parmigiano grattugiato
Sale e pepe q.b.

INGREDIENTI PER IL CONDIMENTO

200 g salsa di pomodoro
40 g olio extravergine d'oliva
1 spicchio d'aglio
150 g mozzarella
40 g parmigiano grattugiato
Basilico fresco
Paprika dolce
Origano
Sale e pepe q.b.

PROCEDIMENTO

Preparare gli gnocchi mescolando tutti gli ingredienti. Dare la forma e farli riposare 10 minuti. Nel frattempo, portare a bollore una pentola d'acqua e salare. In un'altra pentola, rosolare con 10 g di olio, l'aglio per un paio di minuti. Aggiungere la salsa di pomodoro, le spezie e far cuocere a fuoco lento e con coperchio per 20 minuti circa. Strizzare una mozzarella e tagliarla a cubetti. Cuocere gli gnocchi per un paio di minuti e scolarli. Rimetterli nella pentola, aggiungere la salsa di pomodoro, l'olio, la mozzarella e mescolare energicamente. Mettere il tutto in una teglia di terracotta o di alluminio, cospargere di parmigiano e cuocere in friggitrice ad aria per 10 minuti circa a 190°, fino a quando non si sarà formata una leggera crosticina sulla superficie. Servire.

PRIMI

SECONDI

LASAGNETTE ALLA GRECA

Porzioni:	Tempo di preparazione:	Tempo di cottura:
2	10 minuti	15 minuti

Kcal per porzione: 432; Carboidrati 6,2 g; Proteine 20,9 g; Grassi 35,4 g.

INGREDIENTI

- 400 g zucchine
- 100 g pomodorini
- 150 g feta greca
- 20 g parmigiano grattugiato
- 10 g olive taggiasche sott'olio
- 20 g cipolla rossa di Tropea
- 20 g olio extravergine d'oliva
- 10 g pinoli
- 1 cucchiaino di capperi
- 1 spicchio d'aglio
- Basilico fresco
- Un pizzico di origano
- Sale e pepe q.b.

PROCEDIMENTO

Tagliare a listarelle le zucchine e a metà i pomodorini. Tagliare a cubetti la feta e a fettine la cipolla di Tropea. Preriscaldare la friggitrice ad aria a 170°. Mettere in una pirofila tutti gli ingredienti e mescolare. Cuocere in friggitrice ad aria per 10-15 minuti. Servire con una spolverata di pepe.

INVOLTINI DI VERZA CON CARNE E SCAMORZA

Porzioni: 4	Tempo di preparazione: 15 minuti	Tempo di cottura: 20 minuti
Kcal per porzione: 480; Carboidrati 5,1 g; Proteine 28,9 g; Grassi 38,1 g.		

INGREDIENTI

- 400 g foglie di verza grandi
- 300 g salsiccia di maiale
- 100 g scamorza
- 1 uovo medio
- 30 g parmigiano grattugiato
- 20 g farina di mandorle
- 50 g mozzarella grattugiata
- 10 g olio extravergine d'oliva
- Aglio secco in polvere
- Rosmarino secco
- Insaporitore per carne
- Paprika dolce
- Sale e pepe q.b.

PROCEDIMENTO

Rimuovere la parte più dura della verza e delle foglie di verza. Portare a bollore una pentola d'acqua salata e sbollentare le foglie di verza per 5 minuti. Trasferirle in un canovaccio e farle raffreddare. Nel frattempo, rimuovere il budello dalla salsiccia e metterla in una ciotola. Unire l'uovo, il parmigiano, la farina di mandorle, spezie e impastare con le mani fino ad ottenere un composto omogeneo. Tagliare a cubetti la scamorza. Preriscaldare la friggitrice ad aria a 180°. Posizionare una foglia di verza su un tagliere, tagliarla a metà e farcire con il composto di macinato e al centro un paio di cubetti di scamorza. Chiudere su se stesso l'involtino e ripetere in questo modo con le altre fette, fino ad esaurimento degli ingredienti. Posizionare gli involtini in una pirofila, versare l'olio a filo e cospargere di mozzarella grattugiata. Cuocere in friggitrice ad aria per circa 15 minuti. Servire. Conservare in frigo in un contenitore chiuso per 3-4 giorni oppure congelare.

PRIMI

PRIMI

PARMIGIANA DI MELANZANE

Porzioni: 4	Tempo di preparazione: 10 minuti	Tempo di cottura: 38 minuti

Kcal per porzione: 419; Carboidrati 7,7 g; Proteine 25,3 g; Grassi 30,8 g.

INGREDIENTI

- 300 g melanzana
- 400 g salsa di pomodoro
- 150 g mozzarella grattugiata
- 200 g burrata
- 100 g prosciutto cotto a fette
- 40 g grana grattugiato

- 30 g olio extravergine d'oliva
- Origano secco
- Paprika dolce
- Basilico fresco
- Sale e pepe q.b.

PROCEDIMENTO

Lasciare la burrata fuori dal frigo. In una padella far soffriggere l'aglio con 5 g di olio per un paio di minuti. Aggiungere la salsa di pomodoro, l'origano, il basilico, la paprika dolce, sale e pepe. Far cuocere con coperchio a fiamma media per 20 minuti. Preriscaldare la friggitrice ad aria a 180°. Tagliare a fette le melanzane di circa mezzo centimetro di spessore. Spennellarle con l'olio d'oliva rimasto da entrambi i lati. Infilzare le varie fette di melanzane con dei bastoncini lunghi come se fosse uno spiedino, lasciando un po' di spazio tra una fetta e l'altra. Cuocere per 12 minuti. In una pirofila distribuire la salsa di pomodoro, il parmigiano grattugiato, il prosciutto cotto a fette, basilico fresco, la mozzarella grattugiata e le melanzane a fette. Proseguire così tenendo da parte un po' di mozzarella grattugiata da parte. Cuocere a 170° per 10 minuti. Aggiungere la mozzarella grattugiata rimasta e cuocere ancora per altri 8 minuti. Servire con la burrata aperta sopra alla parmigiana e del basilico fresco.

PARMIGIANA DI ZUCCHINE AI FORMAGGI

Porzioni:	Tempo di preparazione:	Tempo di cottura:
6	8 minuti	20 minuti

Kcal per porzione: 402; Carboidrati 2,9 g; Proteine 25,5 g; Grassi 31,4 g.

INGREDIENTI

600 g zucchine
200 g mozzarella grattugiata
200 g scamorza affumicata
100 g brie
100 g prosciutto cotto a fette

30 g grana grattugiato
40 g olio extravergine d'oliva
Basilico fresco
Sale e pepe q.b.

PROCEDIMENTO

Tagliare a fette sottile le zucchine. Preriscaldare la friggitrice ad aria a 180°. Spennellare una teglia con l'olio d'oliva. Posizionare uno strato di zucchine, l'olio a filo, il prosciutto cotto a fette, un po' di mozzarella grattugiata spolverata, fettine sottili di scamorza e di brie, il grana grattugiato, basilico e di nuovo zucchine, fino a terminare tutti gli ingredienti. Cuocere per 20 minuti coprendo la teglia con un foglio di alluminio per i primi 10 minuti. Servire.

TIMBALLO DI RISO CHETO

Porzioni: 4	Tempo di preparazione: 15 minuti	Tempo di cottura: 35 minuti

Kcal per porzione: 452; Carboidrati 6,5 g; Proteine 23 g; Grassi 37,3 g.

INGREDIENTI

400 g cavolfiore
200 g salsa di pomodoro
200 g carne macinata mista
40 g burro
1 uovo medio
50 g provola dolce
50 g mozzarella grattugiata
20 g olio extravergine d'oliva
50 g prosciutto cotto a dadini

100 g panna da cucina
20 ml vino bianco
1 spicchio d'aglio
Origano secco
Insaporitore per carne
Rosmarino secco
Basilico fresco
Sale e pepe q.b.

PROCEDIMENTO

In una pentola soffriggere l'aglio con un filo d'olio. Soffriggere la carne macinata, insaporire con le spezie e sfumare col vino bianco. Aggiungere la salsa di pomodoro e far cuocere a fuoco basso con coperchio per 20 minuti, dopo di che, farlo raffreddare. Cuocere al vapore oppure sbollentare il cavolfiore per 5 minuti. Tritarlo fino a ridurlo in pezzettini piccoli. Posizionarlo in un canovaccio e strizzarlo dell'acqua in eccesso. Grattugiare la provola. Mettere in una ciotola il cavolfiore, l'olio, l'uovo, il parmigiano, il prosciutto cotto a dadini e mescolare velocemente con una forchetta. Aggiungere il ragù e mescolare. Preriscaldare la friggitrice ad aria a 180°. Mettere il composto con il cavolfiore in una tortiera imburrata e alternare a strati con i formaggi e la panna in ciuffetti. Distribuire noci di burro sulla superficie. Cuocere in friggitrice ad aria per 15 minuti a 180°. Lasciar intiepidire prima di servire.

SPAGHETTI DI ZUCCHINE ALL'ORIENTALE

Porzioni:	Tempo di preparazione:	Tempo di cottura:
2	7 minuti	10 minuti

Kcal per porzione: 433; Carboidrati 6,9 g; Proteine 19,5 g; Grassi 34,7 g.

INGREDIENTI

400g zucchine
250 g tofu al naturale
100 g champignon sott'olio
40 g olio extravergine d'oliva
30 g semi di sesamo

½ cucchiaino di curcuma
1 cucchiaino di salsa di soia
Un pizzico di aglio in polvere
1 cucchiaino di erba cipollina secca

PROCEDIMENTO

Tagliare le zucchine a spaghetti. Scolare bene i funghi champignon. Tagliare a tocchetti il tofu. Preriscaldare la friggitrice ad aria a 180°. Unire zucchine, tofu e champignon in una ciotola. Condire con olio, curcuma, aglio, salsa di soia e mescolare per bene. Posizionare il tutto in un contenitore di alluminio e cuocere per 10 minuti. Spolverare con semi di sesamo ed erba cipollina e servire.

TORTA SALATA CON ZUCCA, RICOTTA E SALMONE

Porzioni: 4	Tempo di preparazione: 10 minuti + 10 minuti riposo	Tempo di cottura: 20 minuti
Kcal per porzione: 565; Carboidrati 6,8 g; Proteine 28 g; Grassi 45,9 g.		

INGREDIENTI PER LA PASTA FROLLA SALATA

120 g farina di noci *(oppure noci ridotte a farina)*
30 g semi di girasole
30 g semi di sesamo
15 g olio extravergine d'oliva
2 uova medie

INGREDIENTI PER IL RIPIENO

150 g polpa di zucca cotta *(al vapore o al forno)*
150 g ricotta
150 g salmone affumicato
2 uova medie
20 g parmigiano grattugiato
5 g olio extravergine d'oliva
10 g noci tritate
Sale e pepe
Prezzemolo tritato

PROCEDIMENTO

Per preparare l'impasto, tritare grossolanamente i semi ed unirli alla farina di noci. Aggiungere gli altri ingredienti e impastare fino a formare un impasto omogeneo. Formare una palla, richiudere con pellicola e far riposare l'impasto per 10 minuti. Preriscaldare la friggitrice ad aria a 160°.
Distribuire l'impasto in una tortiera di 20 centimetri di diametro e cuocere per 4 minuti. Nel frattempo, in una ciotola unire le uova, il pizzico di sale e sbatterle velocemente con una forchetta. Aggiungere il salmone affumicato spezzettato, tutti gli altri ingredienti e mescolare fino ad ottenere un composto omogeneo. Versare il ripieno nella base e cuocere per altri 6 minuti circa. Verificare che sia cotta con uno stecchino. Servire con una spolverata di prezzemolo. Conservare in frigo per massimo 3 giorni in contenitore chiuso.

PRIMI

SPAGHETTI DI ZUCCHINE CON FUNGHI, PANCETTA E ZAFFERANO

Porzioni:	Tempo di preparazione:	Tempo di cottura:
2	7 minuti	10 minuti

Kcal per porzione: 508; Carboidrati 5,5 g; Proteine 18,1 g; Grassi 44,7 g.

INGREDIENTI

400 g zucchine
160 g pancetta affumicata a cubetti
120 g champignon sott'olio
100 g panna da cucina
20 g olio extra vergine d'oliva

10 g parmigiano grattugiato
1 bustina di zafferano
Aglio in polvere
Sale e pepe q.b.

PROCEDIMENTO

Formare degli spaghetti di zucchine con lo spiralizzatore o con il pelapatate. Preriscaldare la friggitrice ad aria a 180°. Mettere tutti gli ingredienti in una ciotola, mescolare per bene, versare in una pirofila e cuocere in friggitrice ad aria per circa 10 minuti, mescolando dal basso vero l'alto a metà cottura. Servire.

SPAGHETTI DI ZUCCHINE CON GAMBERI, STRACCHINO E PISTACCHIO

Porzioni:	Tempo di preparazione:	Tempo di cottura:
2	7 minuti	10 minuti

Kcal per porzione: 456; Carboidrati 8 g; Proteine 24,2 g; Grassi 35,2 g.

INGREDIENTI

400 g zucchine
150 g gamberi freschi sgusciati
160 g stracchino
30 g olio extravergine d'oliva
30 ml latte di mandorla

10 g granella di pistacchio
Prezzemolo tritato
Aglio in polvere
Sale e pepe q.b.

PROCEDIMENTO

Formare degli spaghetti di zucchine con lo spiralizzatore o con il pelapatate. Preriscaldare la friggitrice ad aria a 180°. Mettere tutti gli ingredienti in una ciotola, mescolare per bene, versare in una in una pirofila e cuocere in friggitrice ad aria per circa 10 minuti, mescolando dal basso vero l'alto a metà cottura. Servire con una spolverata di granella di pistacchio e prezzemolo tritato.

Secondi

- ALETTE DI POLLO MARINATE CON SALSA ALLO YOGURT GRECO
- ARROSTO DI TACCHINO ALLE ERBE CON MORTADELLA E ASIAGO
- BURGER DI EDAMAME E TOFU
- BASTONCINI DI TOFU ALL'INDIANA CON MAIONESE VEG AL SESAMO
- COSTINE ZERO SBATTI BBQ
- FRITTELLE DI CAVOLFIORE AL PECORINO
- FILETTO DI VITELLO AL PEPE VERDE
- CALAMARI RIPIENI
- CONIGLIO ARROSTO CON CARCIOFI E LIMONE
- COSTOLETTE DI AGNELLO ALLA SCOTTADITO CON SALSA ALLA MENTA
- FRITTATA DI CARCIOFI, ROBIOLA E CACIOTTA
- FRITTATA DI ZUCCHINE, GORGONZOLA E SPECK
- INVOLTINI DI BRANZINO CROCCANTI AL PESTO ROSSO
- TRANCI DI SALMONE IMPANATI AL PISTACCHIO
- PESCE SPADA AL CARTOCCIO
- POLPETTE DI MERLUZZO
- POLPO ARROSTITO CON EMULSIONE AL LIMONE
- TONNO IN CROSTA DI SEMI DI SESAMO
- SALSICCIA E SEDANO RAPA CON SCAMORZA FILANTE E CIPOLLA CROCCANTE
- POLPETTE DI CARNE AL POMODORO
- UOVA IN PURGATORIO MONOPORZIONE
- TAGLIATA DI MANZO CON RUCOLA, GRANA E SCAGLIE DI MANDORLE
- ROASTBEEF ALLA ZERO SBATTI
- MELANZANE RIPIENE DI TONNO ALLA SICILIANA
- POLLO ORIENTALE ALLE MANDORLE
- SALSICCIA E FRIARIELLI
- INVOLTINI DI COSTE RIPIENI DI SALMONE E CAPRINO
- POLPETTONE DI TONNO ALLA CURCUMA CON ASPARAGI E SALSA AL LIMONE
- POLPETTONE CON CUORE DI BRIE IN CROSTA DI PASTA FROLLA
- FILETTO DI TROTA SALMONATA CON PEPERONI E NOCCIOLE TOSTATE

ALETTE DI POLLO MARINATE CON SALSA ALLO YOGURT GRECO

Porzioni:	Tempo di preparazione:	Tempo di cottura:
2	5 minuti + 60 minuti marinatura	25 minuti

Kcal per porzione: 501; Carboidrati 1,6 g; Proteine 34,8 g; Grassi 40,3 g.

INGREDIENTI

- 350 g alette di pollo (compresi scarti)
- 200 ml latte di mandorla senza zucchero
- 50 g yogurt greco 5%
- 50 g maionese
- 10 g olio extravergine d'oliva
- ½ limone spremuto
- Spezie per salsa tzatziki
- Paprika dolce
- Rosmarino secco
- Erba cipollina
- Aglio in polvere
- Insaporitore per carne
- Sale e pepe q. b.

PROCEDIMENTO

In una ciotola mettere le alette con il latte di mandorla ed aggiungere la paprika, il rosmarino, l'aglio in polvere, l'insaporitore per carne e lasciar marinare per un'ora o per almeno mezz'ora, massaggiandole di tanto in tanto. Preriscaldare la friggitrice ad aria a 180°. Scolare le alette e rimetterle nella ciotola. Aggiungere 5 g d'olio e nuovamente le spezie precedentemente usate; cuocere in friggitrice ad aria per 20 minuti, girandole a metà cottura. Nel frattempo, unire yogurt greco, maionese, olio extravergine rimasto, spezie per salsa tzatziki, erba cipollina, il limone spremuto e l'aglio in polvere e mescolare. Servire le alette calde con la salsa d'accompagnamento.

SECONDI

ARROSTO DI TACCHINO ALLE ERBE CON MORTADELLA E ASIAGO

Porzioni: 4	Tempo di preparazione: 15 minuti	Tempo di cottura: 40 minuti
Kcal per porzione: 346; Carboidrati 0,5 g; Proteine 39,5 g; Grassi 20,3 g.		

INGREDIENTI

- 600 g fesa di tacchino
- 100 g mortadella
- 100 g Asiago DOP
- 100 ml vino bianco
- 100 g brodo di carne
- 20 g olio extravergine d'oliva
- 3 spicchi d'aglio
- 1 mazzetto salvia
- 1 mazzetto di rosmarino
- 1 mazzetto di prezzemolo
- Insaporitore per carne
- Sale e pepe q. b.

PROCEDIMENTO

Tritare le erbe aromatiche in un mixer. Preriscaldare la friggitrice ad aria a 180°. Appiattire la carne con un batticarne. Distribuire le fette di mortadella, l'asiago a fette e il mix di erbe aromatiche. Arrotolare su se stesso e richiudere con uno spago da cucina. Cuocere nel cestello della friggitrice ad aria per 10 minuti. Successivamente, trasferire il rotolo in una teglia e cospargere il rotolo di vino bianco e brodo di carne. Continuare la cottura per altri 30 minuti, girando dall'altro lato il rotolo e bagnandolo col sughetto, di tanto in tanto. Servire con il sughetto.

BURGER DI EDAMAME E TOFU

Porzioni: 4	Tempo di preparazione: 5 minuti	Tempo di cottura: 20 minuti
Kcal per porzione: 326; Carboidrati 2,9 g; Proteine 18,2 g; Grassi 23,4 g.		

INGREDIENTI

- 300 g edamame cotti
- 150 g tofu
- 40 g semi di chia
- 50 g olio extravergine d'oliva
- Scorza di 1 limone
- 10 foglioline di menta fresca
- Sale e pepe q.b.

PROCEDIMENTO

Unire tutti gli ingredienti in un frullatore, ad eccezione di 10 g di olio e frullare fino ad ottenere un composto omogeneo e lavorabile. Se risulta troppo duro, aggiungere un po' di acqua o latte di mandorla. Preriscaldare la friggitrice ad aria a 180°. Formare 4 hamburger e posizionarli su un foglio di carta da forno. Spennellare con l'olio d'oliva e cuocere per 20 minuti, girandole a metà cottura. Servire caldi.

BASTONCINI DI TOFU ALL'INDIANA CON MAIONESE VEG AL SESAMO

Porzioni:	Tempo di preparazione:	Tempo di cottura:
2	30 minuti	30 minuti

Kcal per porzione: 546; Carboidrati 7,4 g; Proteine 25,9 g; Grassi 42,4 g.

INGREDIENTI

200 g tofu
30 g olio extravergine d'oliva
20 g lievito alimentare in scaglie
10 g farina di lupini
¼ cucchiaino di cumino
½ cucchiaino di curry piccante
½ cucchiaino di coriandolo
Un pizzico di zenzero in polvere
Erba cipollina
Sale e pepe q.b.

INGREDIENTI PER LA MAIONESE

60 g cavolfiore
1 cucchiaio di succo di limone
1 cucchiaino di senape
15 g olio di semi di sesamo
15 g olio extravergine d'oliva
20 g semi di sesamo
Un pizzico di sale

PROCEDIMENTO

Per la maionese veg; lavare bene il cavolfiore, dividerlo in cimette e lessarlo in abbondante acqua salata per 15 minuti. Scolarlo tenendo da parte una tazzina di acqua di cottura e farlo raffreddare. Trasferirlo in un bicchiere alto ed aggiungere la senape, il succo di limone, 1 cucchiaio d'acqua di cottura, l'olio d'oliva e di semi di sesamo, un pizzico di sale e frullare fino ad ottenere una crema liscia. Trasferire la maionese in un vasetto di vetro, distribuire i semini di sesamo e far riposare per 30 minuti. Nel frattempo, preparare il tofu tagliandolo a fettine di 1 centimetro e successivamente a bastoncini. Preriscaldare la friggitrice ad aria a 180°. Unire la farina di lupini con il lievito alimentare e le spezie. Mescolare per bene. Spennellare i bastoncini con l'olio e passarli nel mix farina e lievito alimentare. Cuocere in friggitrice ad aria per 12 minuti. Servire i bastoncini di tofu all'indiana con la maionese veg ai semi di sesamo ed una spolverata di erba cipollina.

COSTINE ZERO SBATTI BBQ

Porzioni:	Tempo di preparazione:	Tempo di cottura:
2	10 minuti + 60 minuti marinatura	35 minuti

Kcal per porzione: 480; Carboidrati 0,8 g; Proteine 23,2 g; Grassi 40 g.

INGREDIENTI

400 g baffa di costine di maiale (compresi scarti)
100 ml vino bianco
10 g olio extravergine d'oliva
Aglio in polvere

Insaporitore per carne
Paprika dolce
Rosmarino secco
Sale e pepe q. b.

PROCEDIMENTO

Mettere la baffa di costine in un contenitore grande. Aggiungere il vino bianco, le spezie e massaggiare la carne. Lasciar marinare le costine per un'ora. Preriscaldare la friggitrice ad aria a 180°, condire le costine con le spezie, l'olio e cuocere per 20 minuti. Cambiare lato e cuocere ancora per 15 minuti a 160°. Servire calde.

FRITTELLE DI CAVOLFIORE AL PECORINO

Porzioni:	Tempo di preparazione:	Tempo di cottura:
4	10 minuti	20 minuti

Kcal per porzione: 248; Carboidrati 4,6 g; Proteine 14,9 g; Grassi 18,5 g.

INGREDIENTI

600 g cavolfiore
50 g farina di mandorle
30 g pecorino romano grattugiato
20 g parmigiano grattugiato
2 uova medie

60 ml latte di soia senza zucchero
20 g olio extravergine d'oliva
Aglio in polvere
Sale e pepe q. b.

PROCEDIMENTO

Portare ad ebollizione una pentola d'acqua salata. Cuocere il cavolfiore a cimette per 10 minuti. Scolarlo per bene e sminuzzarlo con una forchetta. Preriscaldare la friggitrice ad aria a 180°. Aggiungere tutti gli altri ingredienti, ad eccezione di 30 g farina di mandorle ed amalgamare fino ad ottenere un composto omogeneo. Formare delle palline e schiacciarle col palmo della mano. Spruzzare con l'olio rimasto e passarle nella farina di mandorle rimasta. Posizionare le frittelle di cavolfiore sulla grata e cuocere per 20 minuti, girandole a metà cottura. Servire accompagnate da salsine.

SECONDI

FILETTO DI VITELLO AL PEPE VERDE

Porzioni: 2	Tempo di preparazione: 10 minuti	Tempo di cottura: 9 minuti
Kcal per porzione: 559; Carboidrati 3,4 g; Proteine 32,7 g; Grassi 43,5 g.		

SECONDI

INGREDIENTI

300 g filetto di vitello
180 g panna fresca
20 ml vino rosso
10 g olio extravergine d'oliva

2 cucchiai di pepe verde
Rosmarino secco
Sale q. b.

PROCEDIMENTO

Preriscaldare la friggitrice ad aria a 180°. Sciacquare i filetti e tamponarli con la carta assorbente. Distribuire sul filetto il rosmarino secco, 1 cucchiaio di pepe verde, l'olio e il vino, pressando un po' con le mani. Cuocere per 6 minuti, girando il filetto a metà cottura. Rimuovere il filetto e coprirlo con un foglio di carta stagnola. Nel frattempo, rimuovere la grata del cestello e versare la panna, il pepe rimasto ed un pizzico di sale. Mescolare il tutto e far addensare per circa 3-4 minuti, mescolando ad ogni minuto. Servire il filetto di vitello con la salsa al pepe verde.

SECONDI

CALAMARI RIPIENI

Porzioni: 4	Tempo di preparazione: 12 minuti	Tempo di cottura: 20 minuti

Kcal per porzione: 393; Carboidrati 2,2 g; Proteine 26,8 g; Grassi 24,5 g.

INGREDIENTI

500 g calamari
100 g semi di lino dorati
80 ml vino bianco
30 g parmigiano grattugiato
1 uovo medio

40 g olio extravergine d'oliva
6 filetti di acciughe sott'olio
Prezzemolo tritato
1 spicchio d'aglio
Sale e pepe q. b.

PROCEDIMENTO

Lavare e pulire i calamari sotto l'acqua corrente. Rimuovere i tentacoli e la parte interna dei calamari. Tagliare a pezzetti i tentacoli, tritare l'aglio e il prezzemolo. Scaldare una padella con 10 g di olio, l'aglio e il prezzemolo. Aggiungere subito i tentacoli. Sfumare con un po' di vino e cuocere per 3-4 minuti a fiamma viva. In una ciotola mescolare la farina di semi di lino, con l'uovo, il parmigiano, 20 g di olio, ancora prezzemolo, acciughe e i tentacoli con il sughetto. Preriscaldare la friggitrice ad aria a 180°. Mescolare il tutto fino a formare un impasto omogeneo. Riempire i calamari per 3-4 e richiudere con uno stuzzicadenti. Mettere i calamari dentro una teglia, inondarli con il vino rimasto, aggiungere un pizzico di sale e pepe e spennellarli con l'olio. Cuocere per 20 minuti, girandoli a metà cottura. Servire con una spolverata di pepe e prezzemolo.

CONIGLIO ARROSTO CON CARCIOFI E LIMONE

Porzioni:	Tempo di preparazione:	Tempo di cottura:
2	10 minuti + 60 minuti marinatura	30 minuti

Kcal per porzione: 380; Carboidrati 5,6 g; Proteine 23 g; Grassi 22,5 g.

INGREDIENTI

400 g di coniglio a pezzi *(200 g al netto degli scarti)*
200 g cuori di carciofi
100 ml vino bianco
50 g succo di limone 100%
40 g olio extravergine d'oliva
2 rametti di rosmarino
2 spicchi d'aglio
4 foglie di salvia
1 foglia di alloro
1 cucchiaio di prezzemolo tritato
1 cucchiaino di maggiorana secca
1 limone
Sale e pepe q.b.

PROCEDIMENTO

Sciacquare i pezzi di coniglio. Tamponarli con carta assorbente. Tritare l'aglio e le spezie. Cospargere il coniglio con l'aglio, il trito di spezie, sale e pepe. Aggiungere il vino, il succo di limone e 30 g di olio. Massaggiare con le mani il coniglio. Lasciar marinare per un'ora in frigo. Preriscaldare la friggitrice ad aria a 160°. Mettere il coniglio in una teglia, aggiungere 2 cucchiai di liquido della marinatura, carciofi e limone a spicchi. Spennellare il coniglio con l'olio rimasto e cuocere per 20 minuti. Girare coniglio a metà cottura. Cuocere a 180° per altri 10 minuti, girando nuovamente a metà cottura. Servire.

COSTOLETTE DI AGNELLO ALLA SCOTTADITO CON SALSA ALLA MENTA

SECONDI

Porzioni:	Tempo di preparazione:	Tempo di cottura:
2	10 minuti + 60 minuti marinatura	20 minuti

Kcal per porzione: 354; Carboidrati 3,4 g; Proteine 22,4 g; Grassi 25,6 g.

INGREDIENTI

400 g costolette di agnello *(200 g al netto degli scarti)*
100 g succo di limone 100%
100 g menta fresca
50 g olio extravergine d'oliva
30 ml vino bianco

2 rametti di rosmarino
2 cubetti di ghiaccio
Insaporitore per carni
Aglio in polvere
Sale e pepe

PROCEDIMENTO

Tirare fuori dal frigo le costolette per almeno 30 minuti. Tamponare con carta assorbente. Unire insieme 50 g di succo del limone, il vino e le spezie. Massaggiare un po' la carne e lasciar marinare per 30 minuti, girando dall'altro lato dopo 15 minuti. Spennellare le costolette con 20 g di l'olio d'oliva e le spezie. Preriscaldare la friggitrice ad aria a 200° e cuocere per 20 minuti. A metà cottura bagnare le costolette con il liquido della marinatura e girarle dall'altro lato. Tirare fuori le costolette dal cestello della friggitrice ad aria e richiuderle nella carta stagnola per un paio di minuti. Nel frattempo, in un bicchiere alto unire la menta, sale e pepe, l'olio e il succo di limone rimasti con i cubetti di ghiaccio e frullare fino ad ottenere una salsina. Servire le costolette di agnello con salsa alla menta.

SECONDI

SECONDI

FRITTATA DI CARCIOFI, ROBIOLA E CACIOTTA

Porzioni: 2	Tempo di preparazione: 10 minuti	Tempo di cottura: 35 minuti

Kcal per porzione: 474; Carboidrati 5,1 g; Proteine 17,7 g; Grassi 42,6 g.

INGREDIENTI

2 uova medie
200 g carciofi surgelati
100 g robiola
20 g parmigiano grattugiato
50 g caciotta

20 g burro
10 g olio extravergine d'oliva
Prezzemolo tritato
Sale e pepe q.b.

PROCEDIMENTO

Scaldare una padella con 5 g di burro. Rosolare per 10 minuti i carciofi a fiamma viva, senza coperchio. Preriscaldare la friggitrice ad aria a 160°. Tagliare a cubetti la caciotta. Tagliare grossolanamente i carciofi. In una ciotola mettere tutti gli ingredienti, ad eccezione del burro rimasto, e mescolare fino ad ottenere un composto omogeneo. Imburrare una pirofila, versare il composto e distribuire il burro rimasto. Cuocere per 25 minuti, girandola a metà cottura. Servire tagliata a pezzi.

FRITTATA DI ZUCCHINE, GORGONZOLA E SPECK

Porzioni: 2	Tempo di preparazione: 10 minuti	Tempo di cottura: 15 minuti

Kcal per porzione: 479; Carboidrati 5,4 g; Proteine 25,8 g; Grassi 38,7 g.

INGREDIENTI

2 uova medie
500 g zucchine
20 g pecorino romano
40 g olio extravergine d'oliva
50 g gorgonzola

50 g stick di speck
100 g radicchio rosso
Prezzemolo
Sale e pepe q.b.

PROCEDIMENTO

Grattugiare le zucchine e il pecorino. Tagliare a tocchetti il gorgonzola. Preriscaldare la friggitrice ad aria a 180°. Unire tutti gli ingredienti in una ciotola, ad eccezione di olio e radicchio e mescolare fino ad ottenere una consistenza omogenea. Mettere il composto in una tortiera foderata con carta da forno. Distribuire 10 g d'olio sulla superficie della frittata e cuocere per 15 minuti. In una ciotola unire radicchio, l'olio rimasto, sale e pepe. Servire la frittata col radicchio condito.

SECONDI

INVOLTINI DI BRANZINO CROCCANTI AL PESTO ROSSO

Porzioni: 2	Tempo di preparazione: 7 minuti	Tempo di cottura: 15 minuti
Kcal per porzione: 527; Carboidrati 6,4 g; Proteine 33,7 g; Grassi 39,1 g.		

INGREDIENTI

200 g filetto di branzino
120 g pancetta a fette
80 g pomodori secchi sott'olio
20 g pinoli
30 g basilico fresco
30 g olio extravergine d'oliva

30 g parmigiano grattugiato
Erba cipollina
Prezzemolo tritato
1 spicchio d'aglio
Sale e pepe q.b.

PROCEDIMENTO

Mettere in un bicchiere alto i pomodori secchi non sgocciolati, i pinoli, il basilico, l'olio, il parmigiano grattugiato e l'aglio. Preriscaldare la friggitrice ad aria a 180°. Frullare fino ad ottenere un composto omogeneo. Mettere i filetti di branzino tra due fogli di carne da forno, appiattire i filetti con un batticarne. Mettere al centro di ogni filetto un po' di pesto, richiudere su se stesso l'involtino, avvolgerlo con una fetta di pancetta e richiudere con un filo di erba cipollina. Distribuire gli involtini sulla carta da forno e cuocere per 5 minuti a 180°. Abbassare poi a 160° e cuocere per altri 10 minuti. Servire con una spolverata di prezzemolo tritato.

TRANCI DI SALMONE IMPANATI AL PISTACCHIO

Porzioni:	Tempo di preparazione:	Tempo di cottura:
2	5 minuti	10 minuti

Kcal per porzione: 327; Carboidrati 1,2 g; Proteine 19,6 g; Grassi 25,6 g.

INGREDIENTI

- 160 g filetti di salmone senza pelle
- 15 g granella di pistacchio
- 15 g farina di pistacchio
- 1 uovo medio
- 20 g olio extravergine d'oliva
- Aglio in polvere
- Prezzemolo tritato
- Sale e pepe q. b.

PROCEDIMENTO

Preriscaldare la friggitrice ad aria a 200°. Unire l'olio d'oliva, granella di pistacchi, spezie e tritare nel mixer. Mettere il composto in un piatto ed unire la farina di pistacchio; mescolare. In un altro piatto mette l'uovo con un pizzico di sale e pepe, sbattuto con la forchetta. Immergere i filetti di salmone prima nell'uovo ed infine nel composto di pistacchi. Cuocere i tranci nel cestello per 10 minuti, girandole dall'altro lato a metà cottura. Servire.

PESCE SPADA AL CARTOCCIO

Porzioni:	Tempo di preparazione:	Tempo di cottura:
2	5 minuti	15 minuti

Kcal per porzione: 403; Carboidrati 4,3 g; Proteine 22,4 g; Grassi 31,1 g.

INGREDIENTI

- 200 g pesce spada fresco
- 100 g pomodorini
- 40 g olive nere
- 40 g cipolla
- 12 g pinoli
- 1 cucchiaino di capperi
- 40 g olio extravergine d'oliva
- 4 cucchiai di vino bianco
- Prezzemolo tritato
- Aneto fresco
- Aglio in polvere
- Prezzemolo tritato
- Sale e pepe q. b.

PROCEDIMENTO

Preriscaldare la friggitrice ad aria a 180°. Tagliare i pomodorini a spicchi e le olive a metà. Prendere due fogli di carta da forno. Accartocciarli, bagnarli per bene sotto l'acqua, strizzarli un po' e posizionarli su due fogli di alluminio. Posizionare il pesce spada e distribuire tutti ingredienti sopra e attorno. Richiudere la carta da forno, formando come un sacchettino e arrotolare su se stessa la cima, come a sigillare il sacchetto. Richiudere anche la carta stagnola. Cuocere 10 minuti. Aprire il sacchetto e cuocere per altri 5 minuti. Servire con una spolverata di pepe e di prezzemolo.

POLPO ARROSTITO CON EMULSIONE AL LIMONE

Porzioni:	Tempo di preparazione:	Tempo di cottura:
2	10 minuti	35 minuti
Kcal per porzione: 275; Carboidrati 2,7 g; Proteine 18 g; Grassi 19,6 g.		

INGREDIENTI

- 260 g polpo surgelato
- 30 g olio extravergine d'oliva
- 20 g semi di sesamo
- Prezzemolo tritato
- 1 limone spremuto
- Aglio in polvere
- Un pizzico di pepe

PROCEDIMENTO

Preriscaldare la friggitrice ad aria a 200°. Mettere in una ciotola il polpo surgelato, 10 g di olio e i semi di sesamo. Cuocere per 20 minuti, girandoli a metà cottura. Nel frattempo, tritare l'aglio e il prezzemolo. Unire l'olio rimasto, il limone, l'aglio, il prezzemolo e il pepe e mescolare velocemente fino ad ottenere un emulsione. Prima di togliere il polpo dalla friggitrice ad aria, assicurarsi che sia cotto, affondando una forchetta all'interno. Se affonda bene, vuol dire che è cotto; se fa fatica, non è ancora cotto. Servire il polpo con l'emulsione al limone.

POLPETTE DI MERLUZZO

Porzioni:	Tempo di preparazione:	Tempo di cottura:
2	10 minuti	7 minuti
Kcal per porzione: 399; Carboidrati 0,7 g; Proteine 33,8 g; Grassi 28,4 g.		

INGREDIENTI

- 200 g merluzzo surgelato
- 80 g farina di semi di lino dorati
- 1 uovo medio
- 20 g parmigiano grattugiato
- 20 g alici sott'olio
- 10 g olio extravergine d'oliva
- Aglio in polvere
- Prezzemolo tritato
- Sale e pepe q. b.

PROCEDIMENTO

Scongelare il merluzzo. Strizzarlo per bene. Mettere il merluzzo e le alici nel frullatore; tritare. Preriscaldare la friggitrice ad aria a 160°. In una ciotola unire tutti gli ingredienti, ad eccezione dell'olio e di 40 g di farina di semi di lino. Formare delle polpettine e passarle nella farina rimasta. Disporre le polpettine in un contenitore adatto alla cottura in friggitrice ad aria e spennellare con l'olio d'oliva. Cuocere per 7 minuti. Servire con maionese o altra salsa.

SECONDI

SECONDI

TONNO IN CROSTA DI SEMI DI SESAMO

Porzioni:	Tempo di preparazione:	Tempo di cottura:
4	5inuti + 30 minuti marinatura	5-10 minuti

Kcal per porzione: 383; Carboidrati 0,8 g; Proteine 34,4 g; Grassi 25,7 g.

INGREDIENTI

600 g trancio di tonno rosso fresco
40 g olio extravergine d'oliva
40 g semi di sesamo bianchi e neri
2 limoni spremuti

1 cucchiaino di salsa di soia
Erba cipollina tritata
Aglio in polvere
Pepe q.b.

PROCEDIMENTO

Unire il succo dei limoni, il pepe e la salsa di soia in un'ampia ciotola. Inserire il trancio di tonno nella ciotola e far marinare per mezz'ora, girandolo dall'altro lato dopo 15 minuti. Preriscaldare la friggitrice ad aria a 200°. Distribuire l'olio d'oliva sulla superficie del tonno, massaggiando un po'. Aggiungere i semini di sesamo e pressare un po'.
Cuocere per 5 minuti se si desidera l'interno più crudo; 10 minuti, invece, se si preferisce completamente cotto. Servire a fette con una spolverata di erba cipollina.

SALSICCIA E SEDANO RAPA CON SCAMORZA FILANTE E CIPOLLA CROCCANTE

Porzioni:	Tempo di preparazione:	Tempo di cottura:
2	10 minuti	25 minuti

Kcal per porzione: 425; Carboidrati 5,5 g; Proteine 23 g; Grassi 35 g.

INGREDIENTI

- 200 g salsiccia di pollo e tacchino
- 250 g sedano rapa
- 50 g scamorza
- 20 g olio extravergine d'oliva
- 50 g cipolla
- 20 g olive nere
- 20 ml vino bianco
- Rosmarino secco
- Insaporitore per carne
- Aglio in polvere
- Sale e pepe q.b.

PROCEDIMENTO

Preriscaldare la friggitrice ad aria a 180°. Tagliare a fettine la cipolla. Aggiungere un filo d'olio, sale e pepe e mescolare. Distribuire la cipolla su un foglio di carta e cuocere per 4-5 minuti. Sciacquare il sedano rapa. Pelarlo con l'aiuto di un pelapatate e sciacquarlo di nuovo. Tagliarlo a metà e successivamente a cubetti. Tagliare a tocchetti la salsiccia. Unire in una ciotola il sedano rapa, la salsiccia, il vino bianco e le olive; aggiungere l'olio rimasto, le spezie e mescolare per bene. Inserire il tutto dentro la pirofila e cuocere per 20 minuti. A metà cottura mescolare ed aggiungere la scamorza a fettine sottili. Servire con la cipolla croccante.

SECONDI

POLPETTE DI CARNE AL POMODORO

Porzioni: 4	Tempo di preparazione: 10 minuti	Tempo di cottura: 32 minuti
Kcal per porzione: 456; Carboidrati 3,3 g; Proteine 30,4 g; Grassi 35,3 g.		

INGREDIENTI

- 400 g carne macinata mista
- 30 g farina di mandorle
- 100 g grana grattugiato
- 20 g olio extravergine d'oliva
- 200 g salsa di pomodoro
- Un cucchiaio di latte di mandorla
- Basilico fresco
- Origano secco
- 1 spicchio d'aglio
- Prezzemolo tritato
- Insaporitore per carne
- Sale e pepe q.b.

PROCEDIMENTO

In una padella rosolare l'aglio con un po' d'olio per un minuto. Aggiungere la salsa di pomodoro, sale, pepe, origano e far cuocere per 20 minuti a fiamma media. Preriscaldare la friggitrice ad aria a 180°. In una ciotola unire la carne macinata, l'uovo, 80 g di grana grattugiato, 30 g farina di mandorle, il cucchiaio di latte di mandorla, insaporitore per carne, prezzemolo, sale e pepe. Impastare con le mani fino ad ottenere un composto omogeneo. Formare delle polpette e spennellarle con l'olio. Posizionarle sul cestello e cuocere per 7 minuti. Mettere in una pirofila il sugo, aggiungere le polpette, cospargerle col sugo e distribuire il grana. Cuocere per altri 5 minuti a 200°. Servire con basilico fresco.

UOVA IN PURGATORIO MONOPORZIONE

Porzioni: 2	Tempo di preparazione: 5 minuti	Tempo di cottura: 20 minuti
Kcal per porzione: 410; Carboidrati 6,1 g; Proteine 25,6 g; Grassi 29,4 g.		

INGREDIENTI

- 4 uova medie
- 40 g parmigiano grattugiato
- 20 g olio extravergine d'oliva
- 300 g salsa di pomodoro
- 40 g scamorza
- Basilico fresco
- Origano secco
- Sale e pepe q.b.

PROCEDIMENTO

Preriscaldare la friggitrice ad aria a 160°. In una pirofila mettere la salsa di pomodoro, aggiungere l'uovo, prestando attenzione a non rompere il tuorlo; coprire l'uovo col pomodoro. Distribuire il parmigiano grattugiato e la scamorza a fette. Cuocere per 10 minuti; alzare la temperatura a 200° e cuocere altri 10 minuti. Servire caldi.

TAGLIATA DI MANZO CON RUCOLA, GRANA E SCAGLIE DI MANDORLE

Porzioni:	Tempo di preparazione:	Tempo di cottura:
4	10 minuti + 30/40 minuti marinatura	18 minuti

Kcal per porzione: 535; Carboidrati 4,2 g; Proteine 37,6 g; Grassi 38,4 g.

INGREDIENTI

- 600 g controfiletto di manzo
- 40 g grana in scaglie
- 400 g rucola
- 60 g olio extravergine d'oliva
- 20 g scaglie di mandorla
- Succo di un limone
- 1 rametto di rosmarino
- Insaporitore per carne
- Sale e pepe q.b.

PROCEDIMENTO

Tirare fuori dal frigo il controfiletto di manzo almeno 30/40 minuti prima. Preriscaldare la friggitrice ad aria a 180°. Tamponare la carne con carta assorbente. Distribuire l'olio, le spezie e massaggiare per un paio di minuti la carne. Per una cottura al sangue, posizionare il controfiletto nel cestello della friggitrice ad aria e cuocere per 9 minuti. Girare il filetto dall'altro salto e proseguire la cottura per altri 9 minuti. Al termine della cottura avvolgere il pezzo di carne in un foglio di alluminio e richiudere. Lasciare riposare così per 5 minuti. Nel frattempo distribuire in un piatto da portata la rucola. Tagliare a fette la tagliata, cospargere con l'olio rimasto, il succo di limone, le scaglie di grana e le scaglie di mandorle. Servire.

ROASTBEEF ALLA ZERO SBATTI

Porzioni:	Tempo di preparazione:	Tempo di cottura:
4	13 minuti	20 minuti

Kcal per porzione: 203; Carboidrati 0,8 g; Proteine 27,2 g; Grassi 7,6 g.

INGREDIENTI

- 500 g girello o magatello di manzo
- 100 ml vino bianco
- 40 g senape piccante
- 15 g olio extravergine d'oliva
- 4 rametti di rosmarino
- 4 foglie di alloro
- Aglio in polvere
- Pepe in grani
- Insaporitore per carne
- Sale q.b.

PROCEDIMENTO

Distribuire senape, olio e spezie sulla carne; massaggiarla per circa 10 minuti. Preriscaldare la friggitrice ad aria per 5 minuti a 200°. Cuocere per 10 minuti, irrorare il pezzo di carne con il vino e girare dall'altro lato e continuare la cottura per altri 10 minuti. Togliere il pezzo di carne dalla friggitrice ad aria, richiuderlo con la carta stagnola e farlo raffreddare così. Servire tagliato a fette, condito con olio d'oliva o maionese.

SECONDI

MELANZANE RIPIENE DI TONNO ALLA SICILIANA

Porzioni: 4	Tempo di preparazione: 10 minuti	Tempo di cottura: 25 minuti
Kcal per porzione: 533; Carboidrati 6,7 g; Proteine 27,2 g; Grassi 44,1 g.			

INGREDIENTI

400 g melanzane
1 uovo medio
20 g caciocavallo
100 g tonno sott'olio sgocciolato
20 g mandorle tritate
20 g pomodori secchi sott'olio
40 g olio extravergine d'oliva

10 g pinoli
2 filetti di acciughe
Prezzemolo tritato
Aglio in polvere
Cipolla in polvere
Pepe q.b.

PROCEDIMENTO

Preriscaldare la friggitrice ad aria a 200°. Lavare le melanzane e tagliarle a metà per il lungo. Fare dei tagli alla polpa, senza forare la buccia. Spennellare le melanzane con un po' d'olio e cuocere in friggitrice ad aria per 10 minuti. Rimuovere la polpa delle melanzane, metterla in una ciotola e schiacciarla con una forchetta. Aggiungere alla polpa di melanzane, 120 g di caciocavallo grattugiato, il tonno, i pomodori secchi a pezzettini, l'uovo, la farina di mandorle, 20 g di pinoli, le acciughe schiacciate con una forchetta e le spezie. Mescolare il tutto fino ad ottenere un impasto omogeneo. Riempire le melanzane con l'impasto, spennellare con l'olio rimasto e distribuire il caciocavallo sulla superficie. Cuocere per 15 minuti o fino a quando non si è formata una leggera crosticina. Servire.

POLLO ORIENTALE ALLE MANDORLE

Porzioni: 2	Tempo di preparazione: 10 minuti	Tempo di cottura: 10 minuti
Kcal per porzione: 526; Carboidrati 5,3 g; Proteine 31 g; Grassi: 41,6 g.		

INGREDIENTI

- 200 g bocconcini di pollo
- 50 g germogli di bambù
- 50 g mandorle pelate
- 50 g cipolla bianca
- 20 ml salsa di soia
- 150 g brodo di carne
- 20 ml vino bianco
- 5 g farina di semi di lino
- 10 g semi di sesamo
- 20 g burro chiarificato
- 30 g olio extravergine d'oliva
- Pepe q.b.
- Erba cipollina

PROCEDIMENTO

Unire in una ciotola il brodo di manzo, il vino e la salsa di soia; aggiungere i bocconcini di pollo e lasciar marinare per 30 minuti, massaggiando di tanto in tanto. Preriscaldare la friggitrice ad aria a 180°. Tostare le mandorle per un paio di minuti. Tritare la cipolla e unire tutti gli ingrediente, ad eccezione dei semi di sesamo in una pirofila. Cuocere per dieci minuti, mescolando a metà cottura ed aggiungere ancora brodo se necessario. Distribuire sulla superficie erba cipollina e semi di sesamo e servire.

SALSICCIA E FRIARIELLI

Porzioni: 2	Tempo di preparazione: 5 minuti	Tempo di cottura: 20 minuti
Kcal per porzione: 461; Carboidrati 3,4 g; Proteine 18 g; Grassi 40,3 g.		

INGREDIENTI

- 200 g salsiccia di suino
- 200 g friarielli surgelati
- 40 ml vino bianco
- 30 g olio extravergine d'oliva
- 3 spicchi d'aglio
- Peperoncino
- Sale e pepe

PROCEDIMENTO

Preriscaldare la friggitrice ad aria a 180°. Unire in una ciotola tutti gli ingredienti e mescolare per bene. Metterli in una pirofila e cuocere per 25 minuti, mescolando un paio di volte durante la cottura. Servire caldi.

INVOLTINI DI COSTE RIPIENI DI SALMONE E CAPRINO

Porzioni:	Tempo di preparazione:	Tempo di cottura:
2	15 minuti	25 minuti

Kcal per porzione: 469; Carboidrati 6,7 g; Proteine 28,6 g; Grassi 36 g.

INGREDIENTI

- 200 g trancio di salmone senza pelle
- 200 g foglie di coste *(senza gambo)*
- 20 g farina di pistacchi *(ottenibile frullando i pistacchi)*
- 10 g granella di pistacchi
- 50 g caprino
- 20 g olio extravergine d'oliva
- Timo secco
- Prezzemolo tritato
- Sale e pepe

PROCEDIMENTO

Portare a bollore una pentola d'acqua salata. Sbollentare le coste per 10 minuti. Unire in un mixer salmone, caprino, farina di pistacchi, parmigiano, timo e frullare fino ad ottenere un impasto omogeneo. Aggiungere la granella di pistacchio, sale, pepe e mescolare. Preriscaldare la friggitrice ad aria a 180°. Stendere le foglie di coste su un piano di lavoro e inserire al centro un po' di impasto. Avvolgere il ripieno con la foglia, arrotolandola su se stessa. Spennellare con l'olio d'oliva, sale e pepe e inserire gli involtini in una pirofila. Cuocere in friggitrice ad aria per 15 minuti, girandoli a metà cottura. Servire caldi.

POLPETTONE DI TONNO ALLA CURCUMA CON ASPARAGI E SALSA AL LIMONE

Porzioni: 8	Tempo di preparazione: 10 minuti	Tempo di cottura: 30 minuti

Kcal per porzione: 401; Carboidrati 2 g; Proteine 24,8 g; Grassi 32 g.

INGREDIENTI

- 400 g tonno sott'olio sgocciolato
- 160 g farina di mandorle
- 100 g parmigiano grattugiato
- 2 uova medie
- 150 g asparagi verdi surgelati
- 40 g olio extravergine d'oliva
- 1 cucchiaino di curcuma
- Prezzemolo tritato
- 50 g maionese
- 50 g yogurt greco 5%
- 30 g succo di limone 100%
- 30 g semi di sesamo
- Erba cipollina tritata
- Aneto
- Aglio in polvere
- Sale e pepe q.b.

PROCEDIMENTO

Preriscaldare la friggitrice ad aria a 180°. Mettere gli asparagi in una ciotola. Cospargerli con 10 g di olio, sale e pepe e cuocere in friggitrice ad aria per 10 minuti, girandoli a metà cottura. Far raffreddare gli asparagi e tagliarli a tocchetti. Nel frattempo, mettere in un mixer il tonno, 150 g di farina di mandorle, il parmigiano, le uova e frullare per circa un minuto fino ad ottenere un composto omogeneo. Trasferire il tutto in ciotola ed aggiungere la curcuma, il pepe, il prezzemolo e mescolare. Mettere il composto su un foglio di carta da forno e con le mani inumidite, dare la forma al polpettone. Spennellare con 20 g di olio d'oliva e cospargere con 20 g di semi di sesamo e la farina di mandorle rimasta. Cuocere sempre a 180° per 20 minuti, girandolo dall'altro lato a metà cottura. Nel frattempo, mescolare la maionese, lo yogurt greco, l'olio d'oliva rimasto, l'erba cipollina, l'aneto, l'aglio in polvere ed un pizzico di sale. Mescolare il tutto e mettere sulla superficie i semi di sesamo rimasti. Servire il polpettone a fette con salsa al limone.

SECONDI

POLPETTONE CON CUORE DI BRIE E PESTO DI NOCI

Porzioni:	Tempo di preparazione:	Tempo di cottura:
6	10 minuti	15 minuti

Kcal per porzione: 444; Carboidrati 1,5 g; Proteine 26,3 g; Grassi 36,7 g.

INGREDIENTI PER IL PESTO DI NOCI

60 g olio extravergine d'oliva
40 g grana grattugiato
50 g gherigli di noce
10 g pinoli
1 spicchio d'aglio

INGREDIENTI PER IL POLPETTONE

400 g macinato di tacchino
100 g grana grattugiato
2 uova medie
20 g olio extravergine d'oliva
100 g brie
150 g spinaci surgelati
Sale e pepe q. b.

PROCEDIMENTO

Cuocere gli spinaci in un pentolino con un filo d'olio e farli asciugare il più possibile. Unire in una ciotola il macinato di tacchino, il grana grattugiato, le uova, spezie e mescolare fino ad ottenere un composto omogeneo. Preriscaldare la friggitrice ad aria a 180°. Stendere il composto su un foglio di carta da forno creando un rettangolo, mettere al centro gli spinaci ben distribuiti e il brie a fettine. Arrotolare su se stesso il polpettone con l'aiuto della carta da forno. Spennellare con l'olio d'oliva, accartocciare in un foglio di alluminio e cuocere in friggitrice ad aria a 180° per 15 minuti, cambiando lato a metà cottura. Nel frattempo, portare a bollore un pentolino d'acqua ed immergere le noci. Far bollire per un minuto, scolarli e farli raffreddare. Inserire in un frullatore tutti gli ingredienti per il pesto e frullare fino alla consistenza desiderata. Servire il polpettone a fette accompagnato dal pesto di noci.

FILETTO DI TROTA SALMONATA CON PEPERONI E NOCCIOLE TOSTATE

Porzioni:	Tempo di preparazione:	Tempo di cottura:
2	8 minuti	22 minuti

Kcal per porzione: 421; Carboidrati 6,3 g; Proteine 23,1 g; Grassi 31,9 g.

INGREDIENTI

200 g trota salmonata
50 g peperoni gialli
50 g peperoni rossi
50 g peperoni verdi
40 g olio extravergine d'oliva
30 g nocciole
20 g cipolla rossa

Succo di 1 limone
Maggiorana in polvere
Prezzemolo tritato
Aglio in polvere
Pepe in grani
Insaporitore per carne
Sale q.b.

PROCEDIMENTO

Lavare i peperoni, rimuovere i semi ed il picciolo. Tagliarli a listarelle sottili sia i peperoni che la cipolla. Metterli in una ciotola ed aggiungere 20 g di olio, aglio in polvere, sale e pepe e mescolare per bene. Preriscaldare la friggitrice ad aria a 180°. Tostare le nocciole per 2 minuti. Adagiare i filetti di trota su un foglio di carta da forno, bagnato e strizzato. Spennellare con l'olio rimasto e distribuire le spezie. Distribuire sopra la trota i peperoni e la cipolla. Cuocere per 20 minuti. Servire con una spolverata di prezzemolo tritato, nocciole tostate e limone a fette.

Contorni

- **CAVOLFIORE GRATINATO**
- **CAVOLINI DI BRUXELLES FRITTI**
- **CHAMPIGNON AI SEMI DI GIRASOLE**
- **CHIPS DI ZUCCA**
- **FINOCCHI GRATINATI AL CURRY**
- **FUNGHI RIPIENI DI PROSCIUTTO CRUDO E CHEDDAR**
- **ZUCCHINE ALLA SCAPECE**
- **MELANZANE ALLA FETA**
- **PATATINE DI SEDANO RAPA ALLA PAPRIKA**
- **RATATOUILLE ZERO SBATTI**

CAVOLFIORE GRATINATO

Porzioni:	Tempo di preparazione:	Tempo di cottura:
2	5 minuti	20 minuti

Kcal per porzione: 245; Carboidrati 5,1 g; Proteine 12 g; Grassi 19,4 g.

INGREDIENTI

- 300 g cavolfiore
- 100 ml latte di soia senza zucchero
- 50 g panna da cucina
- 30 g parmigiano grattugiato
- 20 g burro
- Un pizzico di noce moscata
- Un pizzico di gomma di xantano
- Sale e pepe q.b.

PROCEDIMENTO

Portare ad ebollizione una pentola d'acqua salata. Pulire il cavolfiore e mantenere solo le cime. Sbollentare il cavolfiore per 5 minuti. Nel frattempo in un pentolino scaldare il latte fino a sfiorare il bollore. Aggiungere il burro, la panna e un pizzico di xantano. Frullare con frullatore ad immersione fino ad ottenere una salsa densa. Aggiungere sale, pepe e noce moscata. Preriscaldare la friggitrice ad aria a 200°. Scolare il cavolfiore metterlo in una pirofila o in una teglia di alluminio, distribuire sopra la besciamella, il parmigiano grattugiato e cuocere per 15 minuti. Servire con una spolverata di pepe.

CAVOLINI DI BRUXELLES FRITTI

Porzioni:	Tempo di preparazione:	Tempo di cottura:
2	13 minuti	15-20 minuti

Kcal per porzione: 267; Carboidrati 4,8 g; Proteine 9,5 g; Grassi 21,6 g.

INGREDIENTI

- 200 g cavolini di Bruxelles
- 30 g olio extravergine d'oliva
- 20 g parmigiano grattugiato
- 20 g semi di sesamo
- Maggiorana secca
- Sale e pepe q.b.

PROCEDIMENTO

Portare ad ebollizione una pentola d'acqua salata. Lavare i cavolini e rimuovere la parte più dura. Sbollentare i cavolini per 5 minuti. Scolarli, metterli in una ciotola con tutti gli altri ingredienti e mescolare per bene. Preriscaldare la friggitrice ad aria a 180°. Inserirli nel cestello della friggitrice ad aria e cuocere per 5 minuti. Mescolare e cuocere per altri 5 minuti. Tirarli fuori solo quando risultano morbidi alla forchetta. Servire.

CONTORNI

CHAMPIGNON AI SEMI DI GIRASOLE

Porzioni: 2	Tempo di preparazione: 7 minuti	Tempo di cottura: 17 minuti
Kcal per porzione: 264; Carboidrati 3 g; Proteine 12,3 g; Grassi 21,6 g.		

INGREDIENTI

500 g funghi champignon
40 g burro
20 g semi di girasole

Aglio in polvere
Prezzemolo tritato
Sale e pepe q.b.

PROCEDIMENTO

Rimuovere la parte terrosa dei funghi. Pulirli con un panno inumidito, senza lavarli. Tagliarli a fettine. Preriscaldare la friggitrice ad aria a 180°. Sciogliere il burro al microonde o in un pentolino. Aggiungere tutti gli ingredienti in una ciotola e mescolare per bene. Inserire il tutto in una pirofila e cuocere per 17 minuti, mescolando un paio di volte durante la cottura. Servire con un spolverata di prezzemolo tritato.

CHIPS DI ZUCCA

Porzioni: 4	Tempo di preparazione: 10 minuti	Tempo di cottura: 20 minuti
Kcal per porzione: 59; Carboidrati 2,6 g; Proteine 0,8 g; Grassi 5,1 g.		

INGREDIENTI

300 g zucca
20 g olio extravergine d'oliva
Aglio in polvere

Rosmarino secco
Paprika dolce
Sale e pepe q.b.

PROCEDIMENTO

Preriscaldare la friggitrice ad aria a 160°. Pelare la zucca, tagliarla a fettine spesse mezzo centimetro, metterla in una ciotola ed unire tutti gli altri ingredienti. Disporli in piedi su un foglio di carta da forno; volendo si può utilizzare un bastoncino lungo ed infilzare le fette, lasciando un po' di spazio tra una fettina e l'altra. Cuocere in friggitrice ad aria per 15 minuti. Alzare la temperatura a 200° e cuocere per altri 5 minuti. Servire calde.

FINOCCHI GRATINATI AL CURRY

Porzioni:	Tempo di preparazione:	Tempo di cottura:
2	5 minuti	20 minuti

Kcal per porzione: 213; Carboidrati 2 g; Proteine 7,2 g; Grassi 18 g.

INGREDIENTI

- 400 g finocchi
- 30 g parmigiano grattugiato
- 30 g olio extravergine d'oliva
- 1 cucchiaino raso di curry dolce
- ½ cucchiaino di paprika dolce
- Prezzemolo tritato
- Sale e pepe q.b.

PROCEDIMENTO

Tagliare a fettine sottili i finocchi. Preriscaldare la friggitrice ad aria a 180°. Mettere i finocchi in una ciotola con tutti gli altri ingredienti e mescolare per bene. Distribuire i finocchi su un foglio di carta da forno bagnato e strizzato e cuocere in friggitrice ad aria per 20 minuti, mescolando a metà cottura. Cuocere per altri 5 minuti a 200°. Servire con una spolverata di prezzemolo tritato.

FUNGHI RIPIENI DI PROSCIUTTO CRUDO E CHEDDAR

Porzioni:	Tempo di preparazione:	Tempo di cottura:
2	12 minuti	8-10 minuti

Kcal per porzione: 277; Carboidrati 3,7 g; Proteine 19 g; Grassi 19,6 g.

INGREDIENTI

- 400 g funghi portobello o champignon
- 70 g cheddar
- 50 g prosciutto crudo di Parma
- 20 g olio extravergine d'oliva
- 1 mazzetto di prezzemolo
- 1 spicchio d'aglio
- Erba cipollina tritata
- Sale e pepe q.b.

PROCEDIMENTO

Rimuovere la parte terrosa dei funghi. Pulirli con un panno inumidito, senza lavarli. Rimuovere i gambi e metterli dentro ad un bicchiere lungo. Aggiungere 15 g di olio, sale, pepe, prezzemolo, l'aglio, 50 g di cheddar a pezzetti e tritare fino ad ottenere una poltiglia omogenea. Aggiungere 30 g di prosciutto crudo tagliato a listarelle sottili e mescolare per bene. Spennellare i funghi con l'olio rimasto. Preriscaldare la friggitrice ad aria a 200°. Riempire i funghi con il composto ottenuto precedentemente e pressare un po' prestando attenzione a non rompere i funghi. Grattugiare il cheddar rimasto e distribuirlo uniformemente sui funghi; successivamente distribuire il prosciutto crudo rimasto. Posizionare i funghi ripieni in una pirofila e cuocere per 8-10 minuti. Servire con una spolverata di erba cipollina.

ZUCCHINE ALLA SCAPECE

Porzioni:	Tempo di preparazione:	Tempo di cottura:
2	5 minuti	15 minuti

Kcal per porzione: 162; Carboidrati 3,5 g; Proteine 3,3 g; Grassi 13,8 g.

INGREDIENTI

500 g zucchine
30 g olio extravergine d'oliva
2 spicchi d'aglio
10 foglie di menta

1 cucchiaio di aceto bianco
Prezzemolo tritato
Un pizzico di peperoncino
Sale e pepe q.b.

PROCEDIMENTO

Preriscaldare la friggitrice ad aria a 200°. Sminuzzare 7 foglie di menta e tritare l'aglio. Tagliare a rondelle le zucchine. Mettere nella ciotola tutti gli ingredienti, ad eccezione dell'aceto e mescolare per bene. Posizionare le zucchine nel cestello della friggitrice ad aria e cuocere per 15 minuti, mescolando a metà cottura. Servire con una spolverata di aceto e foglioline di menta fresca.

MELANZANE ALLA FETA

Porzioni:	Tempo di preparazione:	Tempo di cottura:
16	10 minuti	12 minuti

Kcal per porzione: 226; Carboidrati 4,2 g; Proteine 10,7 g; Grassi 18,1 g.

INGREDIENTI

300 g melanzane
100 g feta greca DOP
10 g olio extravergine d'oliva
Aglio in polvere

Paprika dolce
Un pizzico di origano
Sale e pepe q.b.

PROCEDIMENTO

Preriscaldare la friggitrice ad aria a 180°. Tagliare a fette le melanzane di circa mezzo centimetro di spessore. Mescolare l'olio d'oliva con le spezie e spennellare le melanzane da entrambi i lati. Infilzare le varie fette di melanzane con dei bastoncini lunghi come se fosse uno spiedino, lasciando un po' di spazio tra una fetta e l'altra. Cuocere per 12 minuti. Distribuire le fettine di melanzana su un foglio di alluminio, distribuire la feta sbriciolata e ripetere l'operazione. Cuocere per altri 5 minuti. Servire.

CONTORNI

PATATINE DI SEDANO RAPA ALLA PAPRIKA

Porzioni: 2	Tempo di preparazione: 6 minuti	Tempo di cottura: 10 minuti
Kcal per porzione: 115; Carboidrati 5,7 g; Proteine 2,9 g; Grassi 7,4 g.		

INGREDIENTI

- 300 g sedano rapa
- 16 g olio extravergine d'oliva
- 1 cucchiaino di paprika dolce
- Rosmarino secco
- Sale e pepe q.b.

PROCEDIMENTO

Sciacquare il sedano rapa. Pelarlo con l'aiuto di un pelapatate e sciacquarlo di nuovo. Tagliarlo a metà e successivamente a listarelle. Preriscaldare la friggitrice ad aria a 200°. Mettere le patatine in una ciotola; unire le spezie, l'olio d'oliva e mescolare per bene. Cuocere per 10 minuti e servire con salse.

RATATOUILLE ZERO SBATTI

Porzioni: 2	Tempo di preparazione: 13 minuti	Tempo di cottura: 15-20 minuti
Kcal per porzione: 134; Carboidrati 6,8 g; Proteine 2,9 g; Grassi 9,5 g.		

INGREDIENTI

- 200 g melanzane
- 200 g zucchine
- 200 g sedano rapa
- 100 g peperone verde
- 200 g pomodori ramati
- 40 g olio extravergine d'oliva
- Timo, prezzemolo, basilico, origano
- ½ cucchiaino di paprika dolce
- Prezzemolo tritato
- Sale e pepe q.b.

PROCEDIMENTO

Tagliare a fette sottili dello spesso di mezzo centimetro tutte le verdure. Preriscaldare la friggitrice ad aria a 200°. Mettere tutti gli ingredienti in una ciotola, mescolare per bene. Disporre tutte le fettine di verdure in piedi in una pirofila, lasciando un po' di spazio tra una fettina e l'altra. Cuocere per 15-20 minuti circa. Servire con una spolverata di prezzemolo.

Dolci e dessert

- **BISCOTTI AL CIOCCOLATO**
- **BISCOTTI VEG**
- **CANTUCCI AL CACAO**
- **COOKIES AL PISTACCHIO CON FONDENTE**
- **DOLCE ZERO SBATTI**
- **FUDGE VEG AL LIMONE E MIRTILLI**
- **MUFFIN AL COCCO CON FRUTTI DI BOSCO E CIOCCOLATO**
- **NUTELLOTTI**
- **PLUMCAKE AI MIRTILLI**
- **SACHER**
- **TORTA ALLE MELE E MANDORLE**
- **TORTINA ALLA NOCCIOLA CON GANACHE AL CIOCCOLATO E LAMPONI**
- **TORTINO AL CIOCCOLATO DAL CUORE MORBIDO**
- **TORTA ALLE ZUCCHINE CON CACAO VARIEGATO AL BURRO D'ARACHIDI**

BISCOTTI AL CIOCCOLATO

Porzioni: 12	Tempo di preparazione: 10 minuti	Tempo di cottura: 7-8 minuti
Kcal per porzione: 176; Carboidrati 1,5 g; Proteine 4,1 g; Grassi 16,7 g.		

INGREDIENTI

- 130 g farina di mandorle
- 30 g cacao amaro
- 60 g cioccolato fondente 90%
- 100 g burro
- 80 g eritritolo
- 1 uovo medio
- Un pizzico di sale
- 8 g lievito istantaneo per dolci

PROCEDIMENTO

Tritare il cioccolato. Sciogliere il burro ed unire tutti gli ingredienti. Far riposare l'impasto 10 minuti in frigo. Dare la forma desiderata ai biscotti e preriscaldare la friggitrice ad aria a 180° per 2 minuti. Distribuire i biscotti sulla carta da forno distanziati tra loro. Cuocere per 7-8 minuti. Far raffreddare e servire. Conservare in un contenitore di plastica o di latta per 4-5 giorni.

BISCOTTI VEG

Porzioni: 6	Tempo di preparazione: 10 minuti	Tempo di cottura: 7-8 minuti
Kcal per porzione: 132; Carboidrati 1,4 g; Proteine 4,8 g; Grassi 11,9 g.		

INGREDIENTI

- 100 g farina di arachidi
- 40 g margarina
- 30 g eritritolo
- Aroma all'arancia

PROCEDIMENTO

Ammorbidire la margarina in microonde per 20 secondi. Mescolare tutti gli ingredienti fino a formare un impasto omogeneo. Formare delle palline e schiacciarle con il palmo della mano. Posizionarle su un foglio di carta da forno e schiacciarli sulla superficie. Preriscaldare la friggitrice ad aria per 2 minuti a 180°. Cuocere per 7-8 minuti. Servire una volta che si saranno raffreddati. Conservare in un contenitore di plastica per 4-5 giorni.

CANTUCCI AL CACAO

Porzioni: 22	Tempo di preparazione: 20 minuti	Tempo di cottura: 20 minuti
Kcal per porzione: 183; Carboidrati 1,3 g; Proteine 5,9 g; Grassi 17 g.		

INGREDIENTI

- 300 g farina di mandorle
- 100 g mandorle
- 100 g nocciole
- 30 g cacao amaro
- 220 g eritritolo
- 3 uova medie
- 80 g burro
- 2 cucchiai di latte di mandorla
- 16 g lievito per dolci
- 1 cucchiaino di gomma di xantano
- Essenza di vaniglia

PROCEDIMENTO

Sciogliere il burro. Tritare le mandorle e le nocciole. Mescolare gli ingredienti secchi. Aggiungere gli ingredienti liquidi ed impastare per bene. Preriscaldare la friggitrice ad aria a 180°. Formare una baguette e cuocere per 15 minuti. Tirare fuori il filoncino, far raffreddare e tagliarli a tozzetti di 2 centimetri. Rimettere in friggitrice ad aria e tenere ancora per 5 minuti o fino a doratura desiderata. Servire una volta freddi. Conservare in un contenitore di latta per 8-9 giorni.

COOKIES AL PISTACCHIO CON FONDENTE

Porzioni: 12	Tempo di preparazione: 10 minuti	Tempo di cottura: 7 minuti
Kcal per porzione: 163; Carboidrati 2 g; Proteine 6,2 g; Grassi 13,9 g.		

INGREDIENTI

- 250 g burro di pistacchio 100%
- 1 uovo medio
- 100 g eritritolo
- 40 g cioccolato fondente 90%
- Un pizzico di bicarbonato di sodio
- Un pizzico di sale

PROCEDIMENTO

Tritare il cioccolato fondente. Unire tutti gli ingredienti fino a formare un composto omogeneo. Preriscaldare la friggitrice ad aria a 160°. Formare 12 palline e schiacciarle leggermente col palmo della mano. Posizionare i biscottini su un foglio di carta da forno e cuocere in friggitrice ad aria per 7 minuti. Aspettare che si freddino prima di servire. Conservare in un contenitore di plastica chiuso per 5-6 giorni.

DOLCE ZERO SBATTI

Porzioni:	Tempo di preparazione:	Tempo di cottura:
2	5 minuti	5-7 minuti

Kcal per porzione: 277; Carboidrati 3 g; Proteine 10,8 g; Grassi 24,5 g.

INGREDIENTI

- 40 g farina di mandorle
- 40 g mascarpone
- 1 uovo medio
- Un pizzico di lievito
- 25 g eritritolo
- 10 g cacao amaro
- 10 ml latte di mandorla senza zucchero
- 30 g fragole
- 5 g granella di nocciole

PROCEDIMENTO

In una tazza grande mettere la farina di mandorle, il mascarpone, 20 g di eritritolo, il lievito e l'uovo e mescolare fino ad ottenere un composto omogeneo. Preriscaldare la friggitrice ad aria a 160°. Cuocere per 5-7 minuti, facendo la prova dello stecchino, prima di sfornare. Nel frattempo, mettere il cacao in una tazzina ed aggiungere il latte poco alla volta, mescolando con un cucchiaino fino alla densità gradita; aggiungere l'eritritolo e mescolare un'ultima volta. Estrarre il mugcake dalla tazza e tagliarlo a metà. Distribuire la cremina al cacao sopra i due pezzi di mugcake, le fragole a spicchi e la granella di nocciole. Servire.

FUDGE VEG AL LIMONE E MIRTILLI

Porzioni:	Tempo di preparazione:	Tempo di cottura:
10	5 minuti + 30 minuti riposo	25 minuti

Kcal per porzione: 269; Carboidrati 2,5 g; Proteine 5,8 g; Grassi 26,6 g.

INGREDIENTI

- 300 g acqua faba
- 220 g farina di mandorle
- 40 g farina di cocco
- 150 g eritritolo
- 120 g olio di cocco
- 100 g mirtilli
- 80 g succo di limone 100%
- 10 g lievito istantaneo per dolci

INGREDIENTI PER LA COPERTURA

- 130 g eritritolo a velo
- 40 g succo di limone

PROCEDIMENTO

Preriscaldare la friggitrice ad aria a 160°. Unire gli ingredienti secchi, aggiungere anche gli altri ingredienti e mescolare. Versare il composto in uno stampo rettangolare, rivestito con carta da forno e cuocere per 25 minuti. Lasciar raffreddare il fudge in friggitrice ad aria, per circa 30 minuti. Mescolare il succo di limone con l'eritritolo e distribuire la copertura sul fudge. Servire a tocchetti, meglio se freddo da frigo. Conservare in frigo in un contenitore di plastica chiuso per 3-4 giorni.

DOLCI E DESSERT

MUFFIN AL COCCO CON FRUTTI DI BOSCO E CIOCCOLATO

Porzioni: 16	Tempo di preparazione: 10 minuti	Tempo di cottura: 12 minuti
Kcal per porzione: 158; Carboidrati 2,2 g; Proteine 2,8 g; Grassi 15 g.		

INGREDIENTI

- 100 g cocco rapè
- 100 g farina di cocco
- 100 g eritritolo
- 150 ml latte di soia senza zucchero
- 250 g panna fresca
- 3 uova medie
- 9 g lievito per dolci
- 20 g cioccolato fondente 90% in scaglie
- 20 g frutti di bosco surgelati

PROCEDIMENTO

Preriscaldare la friggitrice ad aria a 160°. In una ciotola frullare le uova con l'eritritolo. Aggiungere la panna e frullare ancora. Unire gli ingredienti secchi ed aggiungerli al resto. Unire anche il latte e mescolare. Se l'impasto dovesse risultare un po' asciutto, aggiungere ancora un goccio di latte. Mettere mezzo cucchiaio di impasto in pirottini di silicone, mettere il cioccolato fondente in scaglie o i frutti di bosco surgelati e richiudere livellando. Cuocere per 15 minuti a 160°. Decorare con burro d'arachidi e/o crema proteica al cioccolato fondente. Servire. Conservare in un contenitore di plastica duro chiuso ermeticamente in frigo e consumare nel giro di 4-5 giorni oppure congelare.

NUTELLOTTI

Porzioni: 8	Tempo di preparazione: 10 minuti	Tempo di cottura: 7-8 minuti
Kcal per porzione: 200; Carboidrati 3,3 g; Proteine 7,1 g; Grassi 19,3 g.		

INGREDIENTI

- 170 g farina di mandorle
- 30 g cacao amaro
- 1 uovo medio
- 45 g eritritolo
- 8 g lievito per dolci
- Un pizzico di gomma di xantano
- 60 g crema di nocciole e cacao senza zucchero

PROCEDIMENTO

Unire l'uovo con l'eritritolo e mescolare con una forchetta. Aggiungere 40 g di crema di nocciole, la farina di mandorle, il cacao amaro, il lievito e la gomma di xantano. Amalgamare tutti gli ingredienti fino ad ottenere un impasto omogeneo. Preriscaldare la friggitrice ad aria a 160°. Formare 8 palline con le mani inumidite. Trasferire le palline su un foglio di carta da forno e appiattirle schiacciando un po'. Creare un incavo in ogni biscottino, schiacciando con un dito inumidito. Cuocere in friggitrice ad aria per 7 minuti. Lasciar raffreddare e farcire con la crema di nocciole al centro di ogni incavo. Conservare in un contenitore di plastica chiuso per 4-5 giorni.

DOLCI E DESSERT

DOLCI E DESSERT

PLUMCAKE AI MIRTILLI

Porzioni: 10	Tempo di preparazione: 7 minuti	Tempo di cottura: 25 minuti
Kcal per porzione: 228; Carboidrati 2,3 g; Proteine 8 g; Grassi 20,8 g.		

INGREDIENTI

200 g farina di mandorle
3 uova medie
130 g yogurt greco 5%
30 ml latte di soia
180 g mirtilli

90 g burro
80 g eritritolo
8 g lievito per dolci
Aroma di vaniglia
Buccia di un limone grattugiata *(facoltativo)*

PROCEDIMENTO

Preriscaldare la friggitrice ad aria a 160°. Mescolare le uova con l'eritritolo. Sciogliere il burro al microonde e lasciarlo raffreddare. Unire lo yogurt greco, il latte di mandorla alle uova e mescolare. Aggiungere anche il burro e il resto degli ingredienti. Foderare con carta da forno, uno stampo per plumcake e cuocere per 25 minuti, facendo la prova dello stecchino prima di sfornare. Servire a fette. Conservare in una tortiera e consumare entro 3 giorni, altrimenti congelare, possibilmente già a fette.

SACHER

Porzioni:	Tempo di preparazione:	Tempo di cottura:
8	25 minuti	15 minuti

Kcal per porzione: 371; Carboidrati 4,3 g; Proteine 8 g; Grassi 34,8 g.

INGREDIENTI PER LA TORTA

120 g cioccolato fondente 99%
150 g burro
60 g farina di mandorle
3 uova medie
30 g eritritolo
Aroma di vaniglia
8 g lievito per dolci
Un pizzico di sale
100 g marmellata di albicocche 100%
60 ml latte di mandorla

INGREDIENTI PER LA GANACHE AL CIOCCOLATO

50 g cioccolato fondente 99%
50 g panna fresca

PROCEDIMENTO

Unire il cioccolato al burro e sciogliere a bagnomaria oppure in microonde; far intiepidire. Nel frattempo, separare gli albumi dai tuorli e montare gli albumi a neve ben ferma con un pizzico di sale. In un'altra ciotola montare i tuorli con l'eritritolo fino ad ottenere un composto spumoso. Aggiungere a filo il cioccolato col burro e mescolare. Aggiungere la farina di mandorle, il lievito e l'aroma di vaniglia e mescolare. Aggiungere gli albumi delicatamente, mescolando dal basso verso l'alto, fino ad ottenere un composto omogeneo. Preriscaldare la friggitrice ad aria a 160° per 5 minuti. Foderare una tortiera di 20 centimetri di diametro e versarci all'interno il composto; cuocere per 25 minuti. Fare la prova dello stecchino prima di sfornare. Per la ganache al cioccolato, tritare il cioccolato grossolanamente. Mettere la panna in un pentolino e sfiorare il bollore. Aggiungere il cioccolato e mescolare con una frusta fino ad ottenere una crema liscia ed omogeneo. Una volta intiepidita, tagliare a metà la torta, bagnare con il latte di mandorle e cospargere di marmellata all'albicocca. Assemblare la torta e cospargere di ganache al cioccolato. Servire a fette una volta raffreddata. Conservare in frigorifero e consumare entro 3-4 giorni, oppure congelare.

TORTA ALLE MELE E MANDORLE

Porzioni: 8	Tempo di preparazione: 10 minuti	Tempo di cottura: 15 minuti
Kcal per porzione: 297; Carboidrati 5,8 g; Proteine 14,3 g; Grassi 24,2 g.		

INGREDIENTI

200 g farina di mandorle
400 g ricotta di pecora
130 g mela
3 uova medie
80 g eritritolo

20 g succo di limone
40 g scaglie di mandorle
Aroma di vaniglia
Cannella

PROCEDIMENTO

Preriscaldare la friggitrice ad aria a 160°. Tagliare a fette sottili la mela e bagnarle con il succo di limone. Mescolare tutti gli altri ingredienti, ad eccezione di 20 g di eritritolo, fino ad ottenere un composto omogeneo. Versare il composto in una tortiera ricoperta con carta da forno. Distribuire le fettine di mela sulla superficie, l'eritritolo rimasto, le scaglie di mandorle e la cannella. Cuocere per circa 15 minuti. Servire a fette una volta che si sarà raffreddata. Conservare in frigorifero per massimo 3 giorni in un contenitore chiuso oppure congelare.

TORTINA ALLA NOCCIOLA CON GANACHE AL CIOCCOLATO E LAMPONI

Porzioni: 4	Tempo di preparazione: 10 minuti	Tempo di cottura: 15 minuti
Kcal per porzione: 280; Carboidrati 2,9 g; Proteine 8,9 g; Grassi 25,9 g.		

INGREDIENTI

100 g farina di nocciole
2 uova medie
30 g burro
35 g eritritolo

1 cucchiaino di lievito per dolci
60 g lamponi
20 g cacao amaro
2 cucchiai circa di acqua

PROCEDIMENTO

Preriscaldare la friggitrice ad aria a 160°. Montare a neve ben ferma gli albumi. Sciogliere il burro al microonde o a bagnomaria. Montare i tuorli con l'eritritolo. Aggiungere la farina di mandorle e il lievito ai tuorli e frullare ancora. Aggiungere anche il burro, mescolare ed infine gli albumi delicatamente, dal basso verso l'alto. Mettere il composto in uno stampo in silicone e cuocere per circa 15 minuti. Nel frattempo in un bicchiere unire il cioccolato con l'acqua fino a formare una crema. Rimuovere dallo stampo la tortina e decorare con ganache al cioccolato e lamponi. Servire. Conservare in frigo per massimo 3 giorni.

DOLCI E DESSERT

DOLCI E DESSERT

TORTINO AL CIOCCOLATO DAL CUORE MORBIDO

Porzioni:	Tempo di preparazione:	Tempo di cottura:
6	10 minuti	15 minuti

Kcal per porzione: 227; Carboidrati 4,2 g; Proteine 7,1 g; Grassi 19,9 g.

INGREDIENTI

80 g farina di cocco
2 uova medie
40 g eritritolo
20 g cacao amaro
30 g burro fuso
40 g panna fresca

Essenza di vaniglia
4 g lievito per dolci
Un pizzico di sale
60 g crema proteica al cioccolato
Eritritolo a velo q.b.

PROCEDIMENTO

Mettere i 60 g di crema proteica in frigo per 10 minuti. Unire tutti gli ingredienti, mescolare e far riposare l'impasto per 5 minuti. Nel frattempo, formare delle palline da 10 g l'uno circa, con la crema proteica che si sarà leggermente indurita, aiutandosi con un cucchiaino e riporre in congelatore. Preriscaldare la friggitrice ad aria a 160°.
Mettere un cucchiaio di impasto in stampini per muffin in silicone, riporre al centro una pallina di crema proteica e richiudere con un po' di impasto. Cuocere per circa 15 minuti. Servire caldi con una spolverata di eritritolo a velo. Conservare in frigo per 3-4 giorni oppure congelare e riscaldare in microonde o al forno.

DOLCI E DESSERT

DOLCI E DESSERT

TORTA ALLE ZUCCHINE CON CACAO VARIEGATO AL BURRO D'ARACHIDI

Porzioni: 6	Tempo di preparazione: 10 minuti	Tempo di cottura: 15 minuti
Kcal per porzione: 233; Carboidrati 2,3 g; Proteine 7,7 g; Grassi 21,1 g.		

INGREDIENTI

- 130 g zucchine
- 80 g farina di mandorle
- 30 g farina di cocco
- 1 uovo medio
- 40 g eritritolo
- 15 g cacao amaro
- 30 g olio di cocco
- 30 ml latte di mandorle senza zucchero
- 5 g lievito per dolci
- 50 g burro d'arachidi 100%
- 1 pizzico di sale
- Aroma alla vaniglia

PROCEDIMENTO

Grattugiare le zucchine. Preriscaldare la friggitrice ad aria a 160°. Unire l'uovo all'eritritolo e sbattere con una forchetta. Aggiungere l'olio di cocco sciolto, il latte di mandorla e mescolare. Aggiungere anche gli ingredienti secchi e mescolare ancora. Aggiungere le zucchine grattugiate e mescolare. Aggiungere ancora qualche goccio di latte se l'impasto risulta troppo denso. Trasferire l'impasto su una tortiera di 20 cm di diametro precedentemente foderata con carta da forno. Distribuire a filo il burro d'arachidi sulla superficie. Cuocere per 15 minuti, facendo la prova dello stecchino prima di sfornare. Servire a fette una volta raffreddata. Conservare in un porta torta, in frigo, per massimo 3-4 giorni.

Pane, pizza e lievitati

- BON BON DI PANE CHETO
- FOCACCINE RUSTICHE
- FOCACCINE VEG
- PANE ZERO SBATTI ALLO YOGURT
- PANE CHETOGENICO AI SEMI
- PIZZA ANGELA
- PIZZA DI BROCCOLI CON SCAROLA, OLIVE TAGGIASCHE, ACCHIUGHE E MONTE VERONESE
- SCHIACCIATA VEG AGLI CHAMPIGNON

BON BON DI PANE CHETO

Porzioni: 4	Tempo di preparazione: 10 minuti	Tempo di cottura: 12 minuti

Kcal per porzione: 186; Carboidrati 0,3 g; Proteine 15,5 g; Grassi 13,2 g.

INGREDIENTI

- 150 g parmigiano grattugiato
- 120 g albume
- 10 g semi di chia
- 5 g olio extravergine d'oliva
- Sale e pepe q.b.

PROCEDIMENTO

Unire tutti gli ingredienti, mescolare e far riposare l'impasto per circa 10 minuti. Preriscaldare la friggitrice ad aria per 3 minuti a 190° mettendo sul fondo del cestello un po' d'acqua. Formare delle palline, spruzzare o spennellare l'olio sulla superficie, cuocere i bon bon per 10 minuti circa, fino a doratura senza mai aprire il cestello. Servire tiepidi. Conservare in frigorifero per 3-4 giorni.

FOCACCINE RUSTICHE

Porzioni: 8	Tempo di preparazione: 10 minuti	Tempo di cottura: 15 minuti

Kcal per porzione: 347; Carboidrati 2 g; Proteine 20,2 g; Grassi 28,3 g.

INGREDIENTI

- 120 g farina di noci *(ottenibile frullando le noci)*
- 120 g farina di mandorle
- 240 g parmigiano grattugiato
- 400 g albume
- Un pizzico di sale
- 1 cucchiaio di olio extra vergine d'oliva
- Sale grosso, rosmarino, origano

PROCEDIMENTO

Preriscaldare la friggitrice ad aria a 200°. Montare gli albumi a neve ben ferma con un pizzico di sale. Aggiungere delicatamente anche gli altri ingredienti (ad eccezione delle spezie e del sale grosso) mescolando dal basso verso l'alto. Formare 8 panetti con l'aiuto di un cucchiaio, spennellare la superficie con l'olio ed aggiungere sopra il sale grosso e spezie. Cuocere per circa 15 minuti o fino a quando non risulteranno dorati. Servire una volta raffreddati. Conservare in un contenitore di plastica chiuso in frigo per massimo 3 giorni, oppure congelare.

FOCACCINE VEG

Porzioni:	Tempo di preparazione:	Tempo di cottura:
6	10 minuti + 20 minuti riposo	10 minuti
Kcal per porzione: 260; Carboidrati 1,9 g; Proteine 6,2 g; Grassi 24,6 g.		

INGREDIENTI

100 g farina di noci *(o noci ridotte in farina)*
100 g farina di mandorle
30 g olio extravergine d'oliva
110 g acqua tiepida
Sale e spezie a piacere

PROCEDIMENTO

Mescolare tutti gli ingredienti fino ad ottenere un impasto omogeneo. Far riposare in frigo per circa 20 minuti. Preriscaldare la friggitrice ad aria a 160°. Formare circa 4 focaccine. Cuocere per circa 10 minuti. Lasciar raffreddare prima di servire. Conservare in un contenitore di plastica chiuso in frigo per massimo 3 giorni, oppure congelare.

PANE ZERO SBATTI ALLO YOGURT

Porzioni:	Tempo di preparazione:	Tempo di cottura:
8	5 minuti	17 minuti

Kcal per porzione: 204; Carboidrati 1,2 g; Proteine 10,2 g; Grassi 16,8 g.

INGREDIENTI

- 150 g farina di mandorle
- 50 g fibra di bambù
- 200 ml latte di mandorla senza zucchero
- 60 g parmigiano grattugiato
- 20 g olio extravergine d'oliva
- 30 g yogurt greco 5%
- 15 g lievito istantaneo per salati
- Un pizzico di sale e pepe

PROCEDIMENTO

Preriscaldare la friggitrice ad aria a 160°. Mescolare tutti gli ingredienti, ad eccezione dell'olio fino ad ottenere un impasto omogeneo. Versare l'impasto in una tortiera foderata con carta da forno e oliata. Spennellare la superficie con l'olio e cuocere per 17 minuti. Conservare in un sacchetto di plastica chiuso in frigo per massimo 3 giorni, oppure congelare.

PANE CHETOGENICO AI SEMI

Porzioni:	Tempo di preparazione:	Tempo di cottura:
6	20 minuti	17 minuti

Kcal per porzione: 137; Carboidrati 0,5 g; Proteine 8,1 g; Grassi 11 g.

INGREDIENTI

- 190 g albume
- 80 g semi di lino dorati
- 50 g semi misti
- 10 g olio extravergine d'oliva
- 15 g lievito istantaneo per salati
- 2 cucchiaini di aceto di mele
- Un pizzico di sale

PROCEDIMENTO

Preriscaldare la friggitrice ad aria a 160°. Tritare i semi di lino fino a ridurli in farina. Montare gli albumi a neve con un pizzico di sale. Aggiungere delicatamente la farina di semi di lino unita al lievito. Aggiungere l'aceto di mele e i semini, tenendone un po' da parte per la superficie. Versare l'impasto in una tortiera foderata con carta da forno e oliata. Distribuire i semini e spruzzare sulla superficie l'olio; cuocere per 17 minuti circa. Una volta cotto farlo raffreddare almeno 20 minuti prima di servire. Per una maggiore gradevolezza, è preferibile servirlo tostato. Conservare in un sacchetto di plastica chiuso per massimo 3 giorni oppure congelare.

PANE, PIZZA E LIEVITATI

PANE, PIZZA E LIEVITATI

PIZZA ANGELA

Porzioni: 4	Tempo di preparazione: 15 minuti	Tempo di cottura: 12 minuti

Kcal per porzione: 596; Carboidrati 7,5 g; Proteine 38,8 g; Grassi 44,2 g.

INGREDIENTI PER LA BASE

200 g mozzarella grattugiata
100 g farina di lupini
2 uova medie
40 g formaggio spalmabile
30 g cuticola di psillio in polvere
Un pizzico di sale

INGREDIENTI PER LA FARCITURA

80 g mozzarella grattugiata
80 g salsa di pomodoro
120 g stracciatella
80 g pancetta affumicata a fette
40 g pomodori secchi sott'olio
20 g olio extravergine d'oliva
Origano secco
Aglio in polvere
Sale q.b.
Basilico fresco

PROCEDIMENTO

Sciogliere la mozzarella in microonde e mescolarla al formaggio spalmabile. Sbattere le uova con il sale ed aggiungere la farina di lupini e lo psillio. Unire i due composti e amalgamare fino ad ottenere un impasto omogeneo.
Dividere in 4 palline e stendere ogni pallina con il mattarello tra due forni di carta da forno. Dare la forma con le mani inumidite, bucherellarla con una forchetta.
Preriscaldare la friggitrice ad aria a 180° per 3 minuti. Tagliare a listarelle le fettine di pancetta; mettere le fettine sulla grata e rendere croccanti per 2 minuti circa. Mettere da parte la pancetta a listarelle. Cuocere la base della pizza su un foglio di carta da forno per 5 minuti.
Nel frattempo, mescolare la salsa di pomodoro con un pizzico di sale, l'origano e l'olio. Farcire la base della pizza con la salsa di pomodoro, la mozzarella grattugiata, i pomodori secchi. Rimettere la pizza in friggitrice ad aria e cuocere per altri 5 minuti. Distribuire la stracciatella, la pancetta croccante a listarelle e il basilico fresco. Servire calda.

PIZZA DI BROCCOLI CON SCAROLA, OLIVE TAGGIASCHE, ACCHIUGHE E MONTE VERONESE

Porzioni: 3	Tempo di preparazione: 20 minuti	Tempo di cottura: 30 minuti

Kcal per porzione: 493; Carboidrati 6,6 g; Proteine 27,2 g; Grassi 36,9 g.

INGREDIENTI PER LA BASE

500 g broccoli
50 g mozzarella grattugiata
50 g parmigiano grattugiato
2 uova medie
10 g olio extravergine d'oliva
Sale e pepe

INGREDIENTI PER LA FARCITURA

200 g scarola
40 g mozzarella grattugiata
40 g salsa di pomodoro
30 g olio extravergine d'oliva
30 g olive taggiasche sott'olio
6 filetti di acciughe sott'olio
30 g monte veronese grattugiato
Basilico fresco
Origano
1 peperoncino
1 spicchio d'aglio
Sale e pepe q.b.

PROCEDIMENTO

Preriscaldare la friggitrice ad aria a 170°. Lavare la scarola e tagliarla a pezzi. Farla sbollentare in padella con uno spicchio d'aglio e 5 g di olio d'oliva per 5 minuti circa. Mettere la scarola nel cestello della friggitrice con 15 g di olio, le olive taggiasche, il peperoncino, sale, pepe e lo spicchio d'aglio.
Cuocere in friggitrice ad aria per 12 minuti, mescolando ogni 4 minuti, dopo di che, mettere da parte. Preriscaldare la friggitrice ad aria a 160°.
Nel frattempo, mettere nel frullatore le cime dei broccoli e frullare fino a ridurle in bricioline. Mettere il broccolo in una ciotola di vetro e far andare in microonde per 2-3 minuti. In alternativa, far andare in una padella acqua con pochissima acqua. Nella stessa ciotola, aggiungere tutti gli altri ingredienti, ad eccezione dell'olio e amalgamare il tutto.
Dare la forma di 3 pizze oppure farne una unica e dividere in porzioni una volta pronta. Spennellare con l'olio la superficie e mettere le basi su un foglio di carta da forno. Cuocere per circa 7 minuti.
In una ciotolina unire la salsa di pomodoro, l'olio d'oliva rimasto, il basilico, l'origano e il sale. Distribuire la salsa di pomodoro sulla base della pizza, la mozzarella grattugiata, la scarola, le acciughe e il monte veronese grattugiato. Cuocere per altri 5 minuti a 200°, fino a quando la mozzarella non risulta completamente sciolta e la superficie della pizza, leggermente dorata. Servire calda.

SCHIACCIATA VEG AGLI CHAMPIGNON

Porzioni:	Tempo di preparazione:	Tempo di cottura:
2	15 minuti + 20 minuti riposo	10 minuti

Kcal per porzione: 472; Carboidrati 6,5 g; Proteine 18,3 g; Grassi 39,2 g.

INGREDIENTI

- 20 g semi di chia
- 20 g semi di sesamo
- 20 g semi di zucca
- 4 g lievito istantaneo per salati
- Un pizzico di bicarbonato
- 36 g olio extravergine d'oliva
- Un pizzico di sale
- 100 g formaggio spalmabile vegetale
- 100 g champignon a fette
- 80 g rucola
- 60 g pomodorini
- 20 g lievito alimentare in fiocchi

PROCEDIMENTO

Mettere i semi di chia in una ciotola ed immergerli nell'acqua bollente per circa 10 minuti, fino a che non sono raddoppiati di volume. Tritare gli altri semi. Mescolare i semi di chia con gli altri semi, il lievito, 10 g di olio d'oliva, un pizzico di sale e il bicarbonato fino ad ottenere un composto omogeneo. Far riposare l'impasto per 10 minuti. Preriscaldare la friggitrice ad aria a 160°.

Dividere in due l'impasto e stenderlo con il mattarello tra due fogli di carta da forno. Spennellare con un po' d'olio e distribuire il lievito alimentare in fiocchi.

Cuocere per 10 minuti circa ogni schiacciata. Cospargere di formaggio spalmabile vegetale, rucola, pomodorini a spicchi, champignon a fette, un pizzico di sale e l'olio rimasto a filo.

PANE, PIZZA E LIEVITATI

Se questo libro ti è piaciuto, lasciaci una recensione. Aiuterai la diffusione del nostro lavoro. Grazie di cuore!

Se conosci qualcuno che ancora mangia insalatina per dimagrire, fagli un regalo. Parlagli di Chetogenica ZERO SBATTI Friggitrice ad aria!

Ti aspettiamo nel gruppo Facebook:
www.facebook.com/groups/chetogenicazerosbatti

INDICE DELLE RICETTE

ALETTE DI POLLO MARINATE CON SALSA ALLO YOGURT GRECO 64

ARROSTO DI TACCHINO ALLE ERBE CON MORTADELLA E ASIAGO 66

ASPARAGI IN CIALDA CROCCANTE 45

BASTONCINI DI TOFU ALL'INDIANA CON MAIONESE VEG AL SESAMO 67

BISCOTTI AL CIOCCOLATO 104

BISCOTTI VEG 104

BISCOTTINI AL CACAO 26

BON BON DI PANE CHETO 118

BURGER DI EDAMAME E TOFU 66

CALAMARI RIPIENI 72

CANNOLINI CON MOUSSE DI SALMONE E PISTACCHIO 38

CANTUCCI AL CACAO 105

CAVOLFIORE GRATINATO 96

CAVOLINI DI BRUXELLES FRITTI 96

CHAMPIGNON AI SEMI DI GIRASOLE 98

CHIPS DI ZUCCA 98

CONIGLIO ARROSTO CON CARCIOFI E LIMONE 73

COOKIES AL PISTACCHIO CON FONDENTE 105

COSTINE ZERO SBATTI BBQ 68

COSTOLETTE DI AGNELLO ALLA SCOTTADITO CON SALSA ALLA MENTA 74

CRACKERS AI SEMI 38

CRACKERS VEG 40

CREPES AI FUNGHI, GORGONZOLA E NOCI 48

CROCCHETTE DI AVOCADO E PANCETTA 40

DOLCE ZERO SBATTI 106

FILETTO DI TROTA SALMONATA CON PEPERONI E NOCCIOLE TOSTATE 94

FILETTO DI VITELLO AL PEPE VERDE 70

FINOCCHI GRATINATI AL CURRY 99

FOCACCINE RUSTICHE 118

FOCACCINE VEG 119

FRITTATA DI CARCIOFI, ROBIOLA E CACIOTTA 77

FRITTATA DI ZUCCHINE, GORGONZOLA E SPECK 77

FRITTELLE DI CAVOLFIORE AL PECORINO 68

FUDGE VEG AL LIMONE E MIRTILLI 106

FUNGHI RIPIENI DI PROSCIUTTO CRUDO E CHEDDAR 99

GAMBERONI IN CROSTA DI PANCETTA CON SALSA ROSA 42

GNOCCHI ALLA SORRENTINA 50

HUMMUS DI LUPINI 41

INVOLTINI DI BRANZINO CROCCANTI AL PESTO ROSSO 78

INVOLTINI DI COSTE RIPIENI DI SALMONE E CAPRINO 90

INVOLTINI DI VERZA CON CARNE E SCAMORZA 54

INVOLTINI DI ZUCCHINE AL PESTO DI TONNO 44

LASAGNETTE ALLA GRECA 53

MAXI CIOCCOBISCOTTI 26

MELANZANE ALLA FETA 100

MELANZANE RIPIENE DI TONNO ALLA SICILIANA 88

MINI QUICHE CON PORRI E PANCETTA 45

MUFFIN AL COCCO CON FRUTTI DI BOSCO E CIOCCOLATO 108

MUFFIN CON GOCCE DI CIOCCOLATO 31

MUFFIN SALATI CON SALSA AL FORMAGGIO 32

MUFFIN VEG CON MIRTILLI, COCCO E GRANELLA DI NOCCIOLE 29

MUGCAKE CON CUORE DI BURRO D'ARACHIDI 29

NIDI DI SPAGHETTI DI ZUCCHINE ALLA CARBONARA SCOMPOSTA 49

NUTELLOTTI 108

PANCAKE CON MIRTILLI E MOUSSE AL CACAO 33

PANE CHETOGENICO AI SEMI 120
PANE ZERO SBATTI ALLO YOGURT 120
PARMIGIANA DI MELANZANE 56
PARMIGIANA DI ZUCCHINE AI FORMAGGI 57
PATATINE DI SEDANO RAPA ALLA PAPRIKA 102
PESCE SPADA AL CARTOCCIO 79
PIZZA ANGELA 122
PIZZA DI BROCCOLI CON SCAROLA, OLIVE TAGGIASCHE, ACCHIUGHE E MONTE VERONESE 123
PLUMCAKE AI MIRTILLI 110
POLLO ORIENTALE ALLE MANDORLE 89
POLPETTE DI CARNE AL POMODORO 85
POLPETTE DI MERLUZZO 80
POLPETTE DI ZUCCA RIPIENE DI SCAMORZA 46
POLPETTONE CON CUORE DI BRIE E PESTO DI NOCI 93
POLPETTONE DI TONNO ALLA CURCUMA CON ASPARAGI E SALSA AL LIMONE 91
POLPO ARROSTITO CON EMULSIONE AL LIMONE 80
PORRIDGE AL COCCO CON MIRTILLI E NOCCIOLE 34
RATATOUILLE ZERO SBATTI 102
ROASTBEEF ALLA ZERO SBATTI 86
ROTOLO ALLA CANNELLA 28
SACHER 111
SALSICCIA E FRIARIELLI 89
SALSICCIA E SEDANO RAPA CON SCAMORZA FILANTE E CIPOLLA CROCCANTE 83
SCHIACCIATA VEG AGLI CHAMPIGNON 124
SPAGHETTI DI ZUCCHINE ALL'ORIENTALE 59
SPAGHETTI DI ZUCCHINE CON FUNGHI, PANCETTA E ZAFFERANO 62
SPAGHETTI DI ZUCCHINE CON GAMBERI, STRACCHINO E PISTACCHIO 62

TAGLIATA DI MANZO CON RUCOLA, GRANA E SCAGLIE DI MANDORLE 86
TIMBALLO DI RISO CHETO 58
TONNO IN CROSTA DI SEMI DI SESAMO 82
TORTA ALLE MELE E MANDORLE 112
TORTA ALLE ZUCCHINE CON CACAO VARIEGATO AL BURRO D'ARACHIDI 116
TORTA SALATA CON ZUCCA, RICOTTA E SALMONE 60
TORTA ZERO SBATTI DA INZUPPO 36
TORTINA ALLA NOCCIOLA CON GANACHE AL CIOCCOLATO E LAMPONI 112
TORTINO AL CIOCCOLATO DAL CUORE MORBIDO 114
TRANCI DI SALMONE IMPANATI AL PISTACCHIO 79
UOVA CON SALSA TONNATA 42
UOVA IN PURGATORIO MONOPORZIONE 85
ZUCCHINE ALLA SCAPECE 100

Printed by Amazon Italia Logistica S.r.l.
Torrazza Piemonte (TO), Italy